Σ BEST シグマベスト

中1・2 英文法 パターンドリル

杉山一志 著

文英堂

本書を手にとってくれたみなさんへ

みなさん，こんにちは。この本の著者の杉山一志です。まずは，数ある英語の参考書や問題集の中から本書を手にとってくれて，本当にありがとうございます。

早速ですが，英文法というとみなさんはどのようなイメージを持っていますか。学校や塾で勉強する「難しい理論」という感じでしょうか。また，英文法など学ばなくても英語はできるようになるという話を耳にしたことがある人もいるかもしれません。

実は，英文法は私たち日本人が外国語としての英語を習得したいと思った場合，非常に役に立つ道具なのです。みなさんは，日本語を使って家族の人やお友だちと特に問題なくコミュニケーションがとれると思いますが，それは生まれてから今日まで，大量の日本語というシャワーを浴びることによって，日本語の規則やルールを特別に学ばなくても，それが自然に身についているからなのです。もし日本語を習得してきたように，**英語でもシャワーを浴びて自然に英語を学ぶとすれば，10 年以上はかかってしまうでしょう**。それに，日本国内で 24時間 365 日英語にずっと触れる環境を作れる人も少ないのではないでしょうか？

そこで登場するのが「英文法」なのです。「英文法」とは，アメリカ人やイギリス人など英語を母語として生活する人たちが，生まれてから何年もかけて自然に習得する英語のルールを，体系的に学ぶことで学習の効率を上げてくれる，とても便利な道具と言えるのです。

そしてみなさんに知っておいてもらいたいもう 1 つ大切なことがあります。今，小学校から英語教育が行われるようになり，中学受験，高校受験，大学受験，そして社会人の資格試験など，英語力向上を目的として多くの人が一生懸命，英語を学んでくれています。英語が上達するための大切なことはいろいろあるのですが，「英語の仕組みやルール」つまり「英文法」という話になれば，**中学生で学ぶ英文法が最も重要であるということができるのです**。高校生になれば，もっと難しい英文法，社会人で学ぶ英文法はさらに難しいものかと言えば，決してそうではありません。僕の感覚的なものですが，将来的に「読む・書く・聞く・話す」という言葉を用いたコミュニケーションをとるための土台が「英文法」だとして，そのために学ぶべき「英文法」は，中学生のときに学ぶものが全体の 8 割くらいを占めていると言えると思います。

そうしたことから本書では，英語の「肝」とも言える中学 2 年生の学習内容が余すところなく定着するように，1 冊のドリル形式の問題集にしました。みなさんの中から，本書をきっかけに，英語が得意な人が 1 人でも多く誕生してくれることを心より願っています。

杉山　一志

本書の特色と使い方, 音声について

本書は, 中学2年で学習する英語のルール（英文法）を, パターン練習で確実に身につけるためのドリルブックです。

📖 パターン練習とは

たとえば, **I have to go now.**「私は今, 行かなければなりません」という例文を, 「彼は今, 行かなければなりません」とします。

▼

He has to go now.

次に「私たちは今, 行く必要はありません」とします。

▼

We don't have to go now.

このように1つの英文の主語や動詞などを変え, くり返し書いて英文法を覚える練習方法です。

---

1 中学2年で学習するポイントを64セクションにわけてあります。

　中学2年で習う英文法を64セクションに細かくわけているので, そのセクションで勉強するポイントや自分のわからないところ, 苦手な部分がはっきりします。間違えた部分は何度も復習しましょう。

2 1セクションは2ページで構成しています。

　1セクションは1見開き（2ページ）で構成しています。英語が苦手な人も無理なく進められます。

3 くり返し書くことで英語のルールがきちんと身につきます。

　各セクションは3つの問題から構成されています。文法事項にそった例文をくり返し書いて反復練習をすることで, 英語のルールが自然と身についていきます。

英語音声について

各セクションに1つ音声再生のQRコードをのせています。
スマートフォンやタブレットで誌面上のQRコードを読み取ると解説内の英文とその訳, 問題（解答）の英文とその訳の音声を手軽に聞くことができます。
また, 無料音声アプリ SigmaPlayer2 からも音声をダウンロードいただけます。

2001

SigmaPlayer2

・音声は無料でご利用いただけますが, 通信料金はお客様のご負担となります。
・すべての機器での動作を保証するものではありません。
・やむを得ずサービス内容に変更が生じる場合があります。
・QRコードは㈱デンソーウェーブの登録商標です。

もくじ

There is [are] 〜.

2001

There is[are] 〜 . は「〜があります，〜がいます」という意味を表します。主語（「〜が」にあたる語）は「〜」の部分に来ます。主語が単数の名詞であれば There is を，複数の名詞であれば There are を使います。ここで使う There には特に意味はないので，日本語に直すときに「そこ」と訳さないようにしましょう。

There is a cup on the table.（テーブルの上にカップが1つあります）
主語（単数）
There is ＋ 単数名詞 〜 .

There are three cups on the table.（テーブルの上にカップが3つあります）
主語（複数）
There are ＋ 複数名詞 〜 .

Q1 次の英文の（　　）内の正しいほうを選び，◯で囲みなさい。　　(5点×5＝25点)

☐ (1) いすの上に本が1冊あります。
There (is / are) a book on the chair.

☐ (2) テーブルの上にペンが1本あります。
There (is / are) a pen on the table.

☐ (3) テーブルの上にリンゴが1つあります。
There (is / are) an apple on the table.

☐ (4) 箱の中に本が数冊あります。
There (is / are) some books in the box.

☐ (5) 箱の中に卵が数個あります。
There (is / are) some eggs in the box.

Q2 次の日本文に合うように，（　　）内の語を並べかえなさい。　　(7点×5＝35点)

☐ (1) 箱の中にリンゴが1つあります。(there / an / apple / is) in the box.
_____ in the box.

□ (2) いすの上にオレンジが1つあります。(an / orange / is / there) on the chair.

_____ on the chair.

□ (3) 机の上に本が1冊あります。(there / book / a / is) on the desk.

_____ on the desk.

□ (4) 箱の中にリンゴがいくつかあります。(some / there / apples / are) in the box.

_____ in the box.

□ (5) いすの上に本が数冊あります。(some / are / there / books) on the chair.

_____ on the chair.

Q3 次の日本文を英語に直しなさい。　　　　　　　　　　　　　　　　（8点×5＝40点）

□ (1) テーブルの上に卵が1つあります。

_____

□ (2) 箱の中にオレンジが1つあります。

_____

□ (3) いすの上にペンが1本あります。

_____

□ (4) テーブルの上にリンゴがいくつかあります。

_____

□ (5) 箱の中に教科書（textbooks）が数冊あります。

_____

| ポイント | 特定のものの存在を表す場合

「私のかさはかばんの中にあります」のように，特定のもの(ここでは「私のかさ」)の存在をいう場合は，There is[are] 〜. は使わず，My umbrella is 〜. の形で言います。There is[are] 〜. は不特定のものの存在を表すときに使います。

（○）**My umbrella is in the bag.**（私のかさはかばんの中にあります）

（✕）**There is my umbrella in the bag.**

There is[are] ～. の 否定文

2002

There is[are] ～ . の文を「～がありません，～がいません」という意味を表す**否定文**にするには，**There is[are] not ～ .** と，be 動詞の後ろに not を置きます。is not は isn't，are not は aren't と短縮形にすることもできます。また，There are **some** books on the chair.（いすの上にはいくつかの本があります）のような some「いくつかの」は，否定文では any にします。**not any ～**で「（まったく，1つも）～がない」いう意味になります。

There is not[isn't] a camera in my bag.

There is not[isn't] ～ .　　　　　　　　　　　（私のかばんにカメラがありません）

There are some candies in my pocket.

（私のポケットにキャンディがいくつかあります）

There are not[aren't] any candies in my pocket.

There are not[aren't] any ～ .　　　　　　（私のポケットに1つもキャンディがありません）

Q1 次の英文の（　　）内の正しいほうを選び，◯で囲みなさい。　　　（5点×5＝25点）

☐ (1) いすの上に本がありません。

　　There (is not / are not) a book on the chair.

☐ (2) テーブルの上にネコがいません。

　　There (is not / are not) a cat on the table.

☐ (3) テーブルの上にリンゴがありません。

　　There (isn't / aren't) an apple on the table.

☐ (4) 箱の中に本が1冊もありません。

　　There (isn't / aren't) any books in the box.

☐ (5) 部屋に犬が1匹（びき）もいません。

　　There (isn't / aren't) any dogs in the room.

Q2 次の日本文に合うように，（　　）内の語を並べかえなさい。 （7点×5＝35点）

☐ (1) 箱の中に卵がありません。

(there / an / egg / is / not) in the box.

_____ in the box.

☐ (2) いすの上にオレンジがありません。

(an / there / not / is / orange) on the chair.

_____ on the chair.

☐ (3) テーブルの下にネコがいません。

(there / cat / a / isn't) under the table.

_____ under the table.

☐ (4) 箱の中にリンゴが1つもありません。

(there / any / apples / aren't) in the box.

_____ in the box.

☐ (5) いすの上に犬が1匹もいません。

(any / dogs / there / aren't) on the chair.

_____ on the chair.

Q3 次の英文を否定文に書きかえなさい。 （8点×5＝40点）

☐ (1) There is a pineapple on the desk.

_____

☐ (2) There is an apple in the box.

_____

☐ (3) There are some cats on the chair.

_____

☐ (4) There are some police officers in the park.

_____

☐ (5) There are some books on his desk.

_____

There is[are] ～. の 疑問文と答え方

2003

There is[are] ～ . の文を「～がありますか，～がいますか」という意味を表す疑問文にするには，**Is[Are] there ～ ?** と be 動詞を文頭に置きます。

答えるときは，「はい」なら **Yes, there is[are].**，「いいえ」なら **No, there is[are] not.** といいます。また，some「いくつかの」が文中にあるときは，疑問文では any にします。

Is there a doctor in this room?　（この部屋に医者はいますか）
Is there ～ ?

 —**Yes, there is.**　（はい，います）/ **No, there is not[isn't].**
  Yes, there is.　 No, there is not[isn't].　　（いいえ，いません）

Are there any oranges in this basket?
Are there ～ ?　 （このかごの中にオレンジがいくつかありますか）

 —**Yes, there are.**　（はい，あります）/ **No, there are not[aren't].**
  Yes, there are.　 No, there are not[aren't].

               （いいえ，ありません）

Q1 次の英文の（　　）内の正しいほうを選び，◯で囲みなさい。　　（5点×5＝25点）

☐ (1) テーブルの上にネコはいますか。— はい，います。
(Is / Are) there a cat on the table? — Yes, there (is / are).

☐ (2) いすの上に本はありますか。— いいえ，ありません。
(Is / Are) there a book on the chair? — No, there (isn't / aren't).

☐ (3) テーブルの上にリンゴはありますか。— はい，あります。
(Is / Are) there an apple on the table? — Yes, there (is / are).

☐ (4) 箱の中に本は何冊かありますか。— いいえ，ありません。
(Is / Are) there any books in the box? — No, there (isn't / aren't).

☐ (5) 部屋に少年は何人かいますか。— はい，います。
(Is / Are) there any boys in the room?— Yes, there (is / are).

Q2 次の日本文に合うように，（　　）内の語を並べかえなさい。　(7点×5＝35点)

☐ (1) 箱の中にリンゴはありますか。
(there / an / apple / is) in the box?

_____ in the box?

☐ (2) いすの上にオレンジはありますか。
(an / is / there / orange) on the chair?

_____ on the chair?

☐ (3) テーブルの上に本はありますか。
(there / book / a / is) on the table?

_____ on the table?

☐ (4) 部屋に何匹かネコはいますか。
(there / any / cats / are) in the room?

_____ in the room?

☐ (5) いすの上に何冊か教科書はありますか。
(any / textbooks / are / there) on the chair?

_____ on the chair?

Q3 次の英文を疑問文にかえ，（　　）内の指示に従って答えなさい。　(8点×5＝40点)

☐ (1) There is an orange on the desk. （Yes で）

_____ ― _____

☐ (2) There is a dog in the park. （No で）

_____ ― _____

☐ (3) There are some lions in the zoo. （No で）

_____ ― _____

☐ (4) There are some doctors in this school. （No で）

_____ ― _____

☐ (5) There are some tables in this office. （Yes で）

_____ ― _____

There was[were] ～.

2004

> 「～がありました，～がいました」と過去のことを表す場合には，**There was[were]** ～. を使います。「～」の部分にくる主語が単数の名詞なら **was** を，複数の名詞なら **were** を使います。
>
> **There was a dog in the park yesterday.**（昨日公園に犬がいました）
> There was　＋　単数名詞 ～.
>
> **There were some children in the park yesterday.**
> There were　　＋　　複数名詞 ～.　　（昨日公園に何人かの子どもたちがいました）

Q1 次の英文の（　　）内の正しいほうを選び，◯で囲みなさい。　　(5点×5 ＝ 25点)

☐ (1) 部屋にコンピューターがありました。
　　There (was / are) a computer in the room.

☐ (2) 公園に男の子がいました。
　　There (was / is) a boy in the park.

☐ (3) 公園にいくつかのボールがありました。
　　There (was / were) some balls in the park.

☐ (4) 店にたくさんの **CD** がありました。
　　There (was / were) a lot of CDs in the shop.

☐ (5) 店に女の子が 5 人いました。
　　There (was / were) five girls in the shop.

Q2 次の日本文に合うように，（　　）内の語句を並べかえなさい。 （7点×5＝35点）

☐ (1) 部屋に男の子が1人いました。
(was / boy / a / there) in the room.

_____ in the room.

☐ (2) 公園にボールが1つありました。
(was / there / ball / a) in the park.

_____ in the park.

☐ (3) 部屋の中にCDが数枚ありました。
(some / were / CDs / there) in the room.

_____ in the room.

☐ (4) 店に多くの女の子がいました。
(there / a lot of / girls / were) in the shop.

_____ in the shop.

☐ (5) オフィスにコンピューターが5台ありました。
(five / computers / there / were) in the office.

_____ in the office.

Q3 次の日本文を英語に直しなさい。 （8点×5＝40点）

☐ (1) 部屋にCDが5枚ありました。

_____

☐ (2) 公園の中に多くの男の子がいました。

_____

☐ (3) 店に女の子が1人いました。

_____

☐ (4) 店にコンピューターが1台ありました。

_____

☐ (5) 部屋にボールが数個ありました。

_____

There was[were] 〜. の 否定文

2005

There was[were] 〜. の文を「〜がありませんでした，〜がいませんでした」という否定文にするには，**There was[were] not 〜.** と be 動詞の後ろに not を置きます。was not は wasn't, were not は weren't と短縮形にすることもできます。またここでも，some「いくつかの」は否定文では any となり，**were not any 〜** で「（まったく，1つも）〜がなかった」という意味になります。

There was not a dog in the park yesterday.

There was not 〜.　　　　　　　　　　　　　　　（昨日公園に犬はいませんでした）

There were not[weren't] any children in the park yesterday.

There were not[weren't] any 〜.　　　　　　　（昨日公園にまったく子どもはいませんでした）

Q1 次の英文の（　　）内の正しいほうを選び，◯で囲みなさい。　　（5点×5 = 25点）

□ (1) いすの上に本はありませんでした。

There (was not / is not) a book on the chair.

□ (2) テーブルの上にネコはいませんでした。

There (was not / were not) a cat on the table.

□ (3) テーブルの上にリンゴはありませんでした。

There (wasn't / weren't) an apple on the table.

□ (4) 箱の中に本は1冊もありませんでした。

There (were not / was not) any books in the box.

□ (5) 教室に少年は1人もいませんでした。

There (wasn't / weren't) any boys in the classroom.

Q2 次の日本文に合うように，（　　）内の語を並べかえなさい。　　(7点×5＝35点)

□ (1) 箱の中にリンゴはありませんでした。
(there / an / apple / was / not) in the box.

_____ in the box.

□ (2) いすの上にオレンジはありませんでした。
(an / wasn't / orange / there) on the chair.

_____ on the chair.

□ (3) テーブルの下にネコはいませんでした。
(there / cat / a / wasn't) under the table.

_____ under the table.

□ (4) 財布の中にコインは1つもありませんでした。
(were / there / any / not / coins) in the wallet.

_____ in the wallet.

□ (5) 公園に犬は1匹もいませんでした。
(dogs / any / there / weren't) in the park.

_____ in the park.

Q3 次の英文を否定文にかえなさい。　　(8点×5＝40点)

□ (1) There was a peach on the table.

_____

□ (2) There was a rabbit in the box.

_____

□ (3) There were some snakes in the grass.

_____

□ (4) There were some teachers on the playing field.　　playing field「運動場」

_____

□ (5) There were some dictionaries on the shelf.　　shelf「棚」

_____

15

There was[were] 〜.の 疑問文と答え方

2006

There was[were] 〜 . の文を「〜がありましたか，〜がいましたか」という意味を表す疑問文にするには，**Was[Were] there 〜 ?** と be動詞を文頭に置きます。答えるときは，「はい」なら **Yes, there was[were].**，「いいえ」なら **No, there was[were] not.** と表します。また，**some**「いくつかの」が文中にあるときは，疑問文では **any** にします。

Was there a doctor in this room?　（この部屋に医者はいましたか）

Was there 〜 ?

—**Yes, there was.**（はい，いました）**/ No, there was not[wasn't].**

Yes, there was.　　　　　　　　　　　　　No, there was not[wasn't].

（いいえ，いませんでした）

Were there any oranges in this basket?

Were there 〜 ?　　　　　　　　　　　（このかごの中にいくつかオレンジがありましたか）

—**Yes, there were.**（はい，ありました）**/ No, there were not[weren't].**

Yes, there were.　　　　　　　　　　　　No, there were not[weren't].

（いいえ，ありませんでした）

Q1 次の英文の（　　）内の正しいほうを選び，◯で囲みなさい。　　（5点×5＝25点）

☐ (1) テーブルの上にネコはいましたか。 — いいえ，いませんでした。
(Is / Was) there a cat on the table? — No, there (isn't / wasn't).

☐ (2) いすの上にペンはありましたか。 — はい，ありました。
(Was / Were) there a pen on the chair? — Yes, there (is / was).

☐ (3) テーブルの上にリンゴはありましたか。 — はい，ありました。
(Were / Was) there an apple on the table? — Yes, there (is / was).

☐ (4) 箱の中に本は何冊かありましたか。 — いいえ，ありませんでした。
(Were / Was) there any books in the box?
— No, there (are't / weren't).

☐ (5) 部屋の中に少年たちは何人かいましたか。 — はい，いました。
(Were / Are) there any boys in the room?
— Yes, there (are / were).

16

Q2 次の日本文に合うように，（　　）内の語を並べかえなさい。　　(7点×5＝35点)

☐ (1) 箱の中にリンゴはありましたか。(an / there / apple / was) in the box?

_____ in the box?

☐ (2) テーブルの上にメロンはありましたか。(a / was / there / melon) on the table?

_____ on the table?

☐ (3) 車の中にかぎはありましたか。(there / key / a / was) in the car?

_____ in the car?

☐ (4) 部屋の中にネコは何匹かいましたか。(there / any / cats / were) in the room?

_____ in the room?

☐ (5) いすの上に本は何冊かありましたか。(any / books / there / were) on the chair?

_____ on the chair?

Q3 次の英文を疑問文にかえ，（　　）内の指示に従って答えなさい。　(8点×5＝40点)

☐ (1) There was a pen on the table. （No で）

_____ ― _____

☐ (2) There was a car in the parking lot. （Yes で）　　　　parking lot「駐車場」

_____ ― _____

☐ (3) There were some carrots in the basket. （Yes で）

_____ ― _____

☐ (4) There were some students on the playing field. （No で）

_____ ― _____

☐ (5) There were some dictionaries on the shelf. （No で）

_____ ― _____

助動詞 will + be 動詞

2007

will は**助動詞**の1つで，「～するつもりです，～するでしょう」という〈未来〉の意味を表します。助動詞は動詞の前に置きます。助動詞を前に置くとき，**動詞は原形**になります。ここでは am / are / is の原形にあたる be を用いて，will be ～「～になるつもりです，～でしょう」を学習しましょう。

　　I　will　be　a soccer player.　（私はサッカー選手になるつもりです）
　　　　　will　＋　動詞の原形

　　I　will　be　free tomorrow afternoon.　（私は明日の午後はひまでしょう）
　　　　　will　＋　動詞の原形

Q1 次の英文の（　　）内の正しいほうを選び，◯で囲みなさい。　（5点×5＝25点）

□ (1) 私は来年，教師になるつもりです。
　　I (will be / will am) a teacher next year.

□ (2) 私は来年，医者になるつもりです。
　　I (will am / will be) a doctor next year.

□ (3) 私は来月，忙しくなるでしょう。
　　I (will be / will am) busy next month.

□ (4) 彼は将来，ミュージシャンになるつもりです。
　　He (will is / will be) a musician in the future.

□ (5) 彼女は将来，幸せになるでしょう。
　　She (will be / will is) happy in the future.

Q2 次の日本文に合うように，（　　　）内の語を並べかえなさい。 (7点×5＝35点)

□ (1) 私は来年，弁護士になるつもりです。
（ I / be / lawyer / a / will) next year.　　　　　　　　　　lawyer「弁護士」

_____ next year.

□ (2) 私は来年，看護師になるつもりです。
（ be / will / I / nurse / a) next year.

_____ next year.

□ (3) 彼は来月，忙しくなるでしょう。
（ he / busy / will / be) next month.

_____ next month.

□ (4) 彼は将来，政治家になるでしょう。
（ will / he / politician / be / a) in the future.　　　　politician「政治家」

_____ in the future.

□ (5) あなたは将来，幸せになるでしょう。
（ you / happy / be / will) in the future.

_____ in the future.

Q3 次の日本文を英語に直しなさい。 (8点×5＝40点)

□ (1) 彼女は来年，教師になるつもりです。

_____

□ (2) 私の息子（son）は来年，医者になるつもりです。

_____

□ (3) 私は将来，ミュージシャンになるつもりです。

_____

□ (4) あなたは来週，忙しくなるでしょう。

_____

□ (5) 彼は将来，幸せになるでしょう。

_____

📝学習日 ◯ 月 ◯ 日　⏱制限時間 **30** 分　答え→別冊 p.4 ＿＿＿＿＿ / 100点

助動詞 will ＋ 一般動詞

2008

ここでは be 動詞の代わりにいろいろな一般動詞を使った〈will ＋ 動詞の原形〉「〜するつもりです，〜するでしょう」の文を練習してみましょう。will の後ろに置く動詞は必ず原形になることに注意してください。

I will read this book tomorrow.（私は明日この本を読むつもりです）
　　will ＋ 動詞の原形

It will rain tonight.（今夜は雨が降るでしょう）
　　will ＋ 動詞の原形

Q1 次の英文の（　　）内の正しいほうを選び，◯で囲みなさい。　　（5点×5 ＝ 25点）

☐ (1) 私は明日，テニスをするつもりです。
　　I (will play / play will) tennis tomorrow.

☐ (2) 私の姉は明日，遊園地に行くつもりです。
　　My sister (will go / will goes) to the amusement park tomorrow.

☐ (3) 彼は明日，あの試合を見るつもりです。
　　He (will watch / will watches) that game tomorrow.

☐ (4) 彼らは来年，大きな橋を建設するつもりです。
　　They (will build / will building) a big bridge next year.

☐ (5) 明日の朝は雪が降るでしょう。
　　It (snows / will snow / is snowing) tomorrow morning.

Q2 次の日本文に合うように，（　）内の語句を並べかえなさい。 (7点×5＝35点)

☐ (1) 私は明日，トムを手伝うつもりです。
(I / help / Tom / will) tomorrow.

_____ tomorrow.

☐ (2) 私の兄は明日，サッカーをするつもりです。
(my / soccer / play / will / brother) tomorrow.

_____ tomorrow.

☐ (3) 彼らは明日，ピクニックに行くつもりです。
(a picnic / go / on / they / will) tomorrow.

_____ tomorrow.

☐ (4) 彼は来週，バイオリンを弾くつもりです。
(he / will / the / violin / play) next week.

_____ next week.

☐ (5) 彼はその電車に間に合わないでしょう。
(miss / train / the / he / will).　　　　　　　miss「～に間に合わない」

_____ .

Q3 will を用いて，次の日本文を英語に直しなさい。 (8点×5＝40点)

☐ (1) 私は明日，ピクニックに行くつもりです。

_____

☐ (2) 私の姉は来週，サンドイッチ（sandwiches）をいくつか作るつもりです。

_____

☐ (3) 彼は明日，バレーボール（volleyball）をするつもりです。

_____

☐ (4) 彼女は来週，バイオリンを練習する（practice）つもりです。

_____

☐ (5) そのバスは遅れて（late）ここに着く（arrive）でしょう。

_____

助動詞 will の否定文

2009

助動詞 will の否定形は，will の後ろに not を置いて will not とします。will not は won't と短縮形で用いることもできます。〈**will not[won't]＋動詞の原形**〉は「～するつもりはありません，～しないでしょう」という意味を表します。

I will not[won't] go shopping today.
will not[won't] ＋ 動詞の原形　　　　　（私は今日，買いものに行くつもりはありません）

The concert will not[won't] start at seven.
will not[won't] ＋ 動詞の原形　（コンサートは7時に始まらないでしょう）

Q1 次の英文の（　　）内の正しいほうを選び，◯で囲みなさい。　　　（5点×5＝25点）

□ (1) 私のいとこは教師にならないでしょう。
My cousin (will not be / will not am) a teacher.

□ (2) エミリーは医者にならないでしょう。
Emily (will be not / will not be) a doctor.

□ (3) 彼はテニスをしないでしょう。
He (will not play / will play not) tennis.

□ (4) メアリーと私はケーキを作るつもりはありません。
Mary and I (will make not / will not make) a cake.

□ (5) 明日は晴れないでしょう。
It (won't be / will be) fine tomorrow.

Q2 次の日本文に合うように，（　　）内の語句を並べかえなさい。 (7点×5＝35点)

□ (1) 彼女は看護師にならないでしょう。
(she / be / not / nurse / a / will).

_____ .

□ (2) 私は来年，弁護士になるつもりはありません。
(be / will / I / lawyer / not / a) next year.

_____ next year.

□ (3) 私の母は明日，出かけないでしょう。
(not / go out / my / will / mother) tomorrow.

_____ tomorrow.

□ (4) 彼は来週，バイオリンを練習しないでしょう。
(the / won't / he / violin / practice) next week.

_____ next week.

□ (5) 彼らは来週，クッキーを作るつもりはありません。
(make / cookies / any / they / won't) next week.

_____ next week.

Q3 次の日本文を英語に直しなさい。 (8点×5＝40点)

□ (1) 彼は来年，教師になるつもりはありません。

_____

□ (2) 彼女は来年，医者になるつもりはありません。

_____

□ (3) 私の母は明日，テニスをしないでしょう。

_____

□ (4) 彼女は来週，バイオリンを弾かないでしょう。

_____

□ (5) 私は明日，弟を手伝うつもりはありません。

_____

助動詞 **will** の疑問文と答え方

2010

助動詞 will を使い，「〜するつもりですか，〜するでしょうか」とたずねるときは，will を文頭に置いて〈**Will ＋ 主語 ＋ 動詞の原形 〜?**〉の形にします。この疑問文に「はい」と答えるときは〈**Yes, 主語 ＋ will.**〉，「いいえ」と答えるときは〈**No, 主語 ＋ will not [won't].**〉とします。

Will Bill use the computer tomorrow?
　Will ＋ 主語 ＋ 動詞の原形 〜?　　　　　　　　（ビルは明日，コンピューターを使うつもりですか）

—Yes, he will. （はい，そうです）
　Yes,　主語 ＋ will.

—No, he will not [won't]. （いいえ，そうではありません）
　No,　主語 ＋ will not [won't].

また，Will you 〜 ? は「〜してくれませんか」という，人に依頼をするときに使う表現にもなります。

Will you close the door? （ドアを閉めてくれませんか）
　Will　you ＋ 動詞の原形 〜?

Q1 次の英文の（　　）内の正しいほうを選び，◯で囲みなさい。　　　（5点×5 ＝ 25点）

☐ (1) あなたは将来，教師になるつもりですか。
　(Will you be / Will you are) a teacher in the future?

☐ (2) あなたは明日，テニスをするつもりですか。
　(Will play you / Will you play) tennis tomorrow?

☐ (3) 彼は明日，英語を勉強するつもりですか。
　(Will he study / Will he studies) English tomorrow?

☐ (4) 少し静かにしてもらえませんか。
　(Will you be / Will be you) a little quiet?

☐ (5) ここに来てもらえませんか。
　(Will you come / Will come you) here?

Q2　次の日本文に合うように，（　　）内の語を並べかえなさい。 （7点×5＝35点）

□ (1) あなたは将来，看護師になるつもりですか。— はい，そうです。
　(you / will / be / a / nurse) in the future? — Yes, I will.

　_____ in the future?

□ (2) あなたは将来，政治家になるつもりですか。— いいえ，そうではありません。
　(you / be / politician / a / will) in the future? — No, I will not.

　_____ in the future?

□ (3) 彼女は明日，中国語を勉強するつもりですか。— いいえ，そうではありません。
　(she / will / study / Chinese) tomorrow? — (she / , / won't / no).

　_____ tomorrow? — _____.

□ (4) 彼は来週，ギターを弾くつもりですか。— はい，そうです。
　(play / will / he / guitar / the) next week? — (, / will / yes / he).

　_____ next week? — _____.

□ (5) お年寄りには親切にしてもらえませんか。
　(be / kind / will / you) to elderly people?

　_____ to elderly people?

Q3　次の日本文を英語に直しなさい。 （8点×5＝40点）

□ (1) あなたは将来，医者になるつもりですか。— はい，そうです。

　_____ — _____

□ (2) 彼女は明日，ケーキを作るつもりですか。— いいえ，そうではありません。

　_____ — _____

□ (3) 私を手伝ってもらえませんか。

　_____

□ (4) 彼は明日，テニスをするつもりですか。— はい，そうです。

　_____ — _____

□ (5) ゆっくり話してもらえませんか。

　_____

〈be going to + 動詞の原形〉

2011

〈be動詞 + going to + 動詞の原形〉も，「〜するつもり[予定]です，〜するでしょう」という意味を表す表現です。be going to の「〜するつもりです」には，すでにそうする心構えや準備ができているという意味合いが込められます。また，be going to の「〜するでしょう」は，話している人の判断や推測を表します。be動詞は主語に合わせ，am / are / is を使いわけましょう。

I'm going to buy the book soon. （私は近いうちにその本を買う予定です）
　be going to + 動詞の原形

It's going to rain this evening. （今晩は雨が降るでしょう）
　be going to + 動詞の原形

Q1 次の英文の（　　）内の正しいほうを選び，◯で囲みなさい。　　（5点×5 = 25点）

□ (1) 彼は将来，大工になるつもりです。
He (be going to / is going to) be a carpenter in the future.

□ (2) 私は明日，テニスをする予定です。
I (are going to / am going to) play tennis tomorrow.

□ (3) 私たちは明日，バイオリンを弾く予定です。
We (are going to / were going to) play the violin tomorrow.

□ (4) 彼女は次の日曜日に中国語を勉強する予定です。
She's (will study / going to study) Chinese next Sunday.

□ (5) 明日は晴れるでしょう。
It's (going to be / going to) sunny tomorrow.

Q2 次の日本文に合うように，（　　）内の語句を並べかえなさい。　　（7点×5＝35点）

□ (1) 私は将来，教師になるつもりです。
(be / I / a / am / going / teacher / to) in the future.

_____ in the future.

□ (2) 彼は将来，政治家になるつもりです。
(he / be / going / is / politician / to / a) in the future.

_____ in the future.

□ (3) ジムと私は明日，野球をする予定です。
Jim (play / and I / are / to / baseball / going) tomorrow.

Jim _____ tomorrow.

□ (4) 彼女は明日，韓国語を勉強する予定です。
(study / she / going / to / is / Korean) tomorrow.

_____ tomorrow.

□ (5) 彼は次の日曜日，財布を買う予定です。
(a / he / going / is / buy / to / wallet) next Sunday.

_____ next Sunday.

Q3 be going to を用いて，次の日本文を英語に直しなさい。　　（8点×5＝40点）

□ (1) 私は将来，医者になるつもりです。

_____

□ (2) アン（Ann）は来週，チェス（chess）をする予定です。

_____

□ (3) 彼は将来，警察官（police officer）になるつもりです。

_____

□ (4) 彼は明日，自転車を買う予定です。

_____

□ (5) 明日は雨が降るでしょう。

_____

〈be going to + 動詞の原形〉の否定文

2012

> be going to を否定文で使うときには，be 動詞の後ろに not を置きます。is not は isn't，are not は aren't と短縮形で用いることもできます。I am not の場合は I'm not とします。〈be 動詞 + not going to + 動詞の原形〉は will の否定文同様，「～するつもり［予定］はありません，～しないでしょう」という意味を表します。
>
> **I am not going to ride this bike.**
> be 動詞 + not going to + 動詞の原形　（私はこの自転車に乗るつもりはありません）
>
> **He is not going to read the newspaper today.**
> be 動詞 + not going to + 動詞の原形　（彼は今日，新聞を読むつもりはありません）

Q1 be going to を用いて全文を書きかえなさい。

（5点×5 = 25点）

☐ (1) 彼女は将来，音楽家になるつもりはありません。
She will not be a musician in the future.

_____

☐ (2) 彼は明日，バイオリンを弾く予定はありません。
He won't play the violin tomorrow.

_____

☐ (3) 彼女は明日，ジムを手伝う予定はありません。
She won't help Jim tomorrow.

_____

☐ (4) 彼らはそのスポーツ選手にインタビューするつもりはありません。
They won't interview the athlete.　　　　　athlete「スポーツ選手」

_____

☐ (5) 明日はくもりにはならないでしょう。
It will not be cloudy tomorrow.

_____

Q2 次の日本文に合うように，（　　　）内の語を並べかえなさい。　(7点×5＝35点)

☐ (1) 彼は将来，政治家になるつもりはありません。

(not / he / be / going / is / politician / to / a) in the future.

_____ in the future.

☐ (2) 私は明日，野球をする予定はありません。

(play / I'm / to / baseball / not / going) tomorrow.

_____ tomorrow.

☐ (3) 彼女は明日，中国語を勉強する予定はありません。

(study / she / going / to / isn't / Chinese) tomorrow.

_____ tomorrow.

☐ (4) 彼は次の土曜日にギターを弾くつもりはありません。

(he / going / is / play / not / to / guitar / the) next Saturday.

_____ next Saturday.

☐ (5) 明日は晴れにはならないでしょう。

(going / sunny / it / is / to / be / not) tomorrow.

_____ tomorrow.

Q3 be going to を用いて，次の日本文を英語に直しなさい。　(8点×5＝40点)

☐ (1) 私は将来，医者になるつもりはありません。

_____

☐ (2) 私の母は明日，テニスをする予定はありません。

_____

☐ (3) 明日は風が強く（windy）ならないでしょう。

_____

☐ (4) ベス（Beth）は将来，看護師になるつもりはありません。

_____

☐ (5) 明日は雨は降らないでしょう。

_____

〈be going to ＋動詞の原形〉の疑問文と答え方

2013

---

be going to を疑問文で使うときには，be 動詞を文頭に出して〈be 動詞＋主語＋going to＋動詞の原形 〜？〉の形にします。「〜するつもり[予定]ですか，〜するでしょうか」という意味を表します。「はい」と答えるときは〈Yes, 主語＋be 動詞 .〉，「いいえ」と答えるときは〈No, 主語＋be 動詞＋not.〉の形で答えます。

Is Jack going to play soccer tomorrow?
be動詞＋主語 ＋ going to ＋ 動詞の原形〜？　　　　　（ジャックは明日，サッカーをする予定ですか）

— **Yes, he is.** （はい，そうです）
　　Yes,　主語 ＋ be 動詞 .

— **No, he is not[isn't].** （いいえ，そうではありません）
　　No,　主語 ＋ be 動詞 ＋ not.

「何をする予定ですか」とたずねる場合は，〈What ＋ be 動詞＋主語＋going to do 〜？〉とします。答えるときは〈主語＋be 動詞＋going to ＋ 動詞の原形 〜 .〉とします。

Q1 be going to を用いて全文を書きかえなさい。

(5点×5 ＝ 25点)

☐ (1) あなたは将来，大工になるつもりですか。
Will you be a carpenter in the future?

_____

☐ (2) 彼は明日，ピアノを弾く予定ですか。　Will he play the piano tomorrow?

_____

☐ (3) 彼女は明日，英語を勉強する予定ですか。　Will she study English tomorrow?

_____

☐ (4) 明日は晴れるでしょうか。　Will it be sunny tomorrow?

_____

☐ (5) あなたは来週，何をする予定ですか。　What will you do next week?

_____

次の日本文に合うように，（　　）内の語を並べかえなさい。　(7点×5＝35点)

□ (1) あなたは将来，教師になるつもりですか。— はい，そうです。
(be / you / a / are / going / teacher / to) in the future? — Yes, I am.

_____ in the future?

□ (2) 彼の息子は将来，政治家になるつもりですか。— いいえ，そうではありません。
(is / be / going / son / politician / to / a / his) in the future?
— No, he isn't.

_____ in the future?

□ (3) あなたは明日，野球をする予定ですか。— いいえ，そうではありません。
(play / you / are / to / baseball / going) tomorrow?
— (I / , / no / not / am).

_____ tomorrow? — _____.

□ (4) トムは明日，その仕事を終える予定ですか。— はい，そうです。
(finish / Tom / going / to / is) the work tomorrow? — Yes, he is.

_____ the work tomorrow?

□ (5) 明日はくもりでしょうか。— はい，そうです。
(it / going / is / cloudy / to / be) tomorrow? — (, / is / yes / it).

_____ tomorrow? — _____.

Q3 be going to を用いて，次の日本文を英語に直しなさい。　(8点×5＝40点)

□ (1) あなたは将来，医者になるつもりですか。— いいえ，そうではありません。

_____ — _____

□ (2) ジャック（Jack）は明日，テニスをする予定ですか。— はい，そうです。

_____ — _____

□ (3) 明日は雨が降るでしょうか。— はい，降るでしょう。

_____ — _____

□ (4) 彼は次の日曜日，ギターを練習する予定ですか。— はい，そうです。

_____ — _____

□ (5) 彼らは明日，何をする予定ですか。

_____

出題範囲 セクション 1 〜 13

1 次の英文の（　　）内の正しいほうを選び，◯で囲みなさい。　(3点×5=15点)

□ (1) There (am / is / are) a dog under the table.

□ (2) There (is / was / were) a zoo around here ten years ago.

□ (3) There (is / are / were) some water in the bottle.

□ (4) There (am / is / are) a lot of children in the park.

□ (5) There (is / was / were) three cats here yesterday.

2 次の（　　）に入る語句を，[　　]内から選び，◯で囲みなさい。　(3点×5=15点)

□ (1) テーブルの上にかぎがあります。

There (　　　　　　　　　) a key on the table.　　　　　[is / are / was]

□ (2) 私の先生は来年，外国に行く予定です。

My teacher (　　　　　　　) to a foreign country next year.

[will goes / will to go / is going to go]

□ (3) あなたはどこかに行く予定ですか。

Are you (　　　　　　　) anywhere?　　[will go / go to / going to go]

□ (4) この箱の中には本が何冊かありましたか。

(　　　　　　　　　) any books in the box?

[Were there / Were they / Was there]

□ (5) 公園にはたくさんの少年少女がいました。

(　　　　　　　　　) a lot of boys and girls in the park.

[They were / There are / There were]

3 （　　）内の指示に従って，文を書きかえなさい。　(4点×5=20点)

□ (1) There is a large elephant in the zoo.（疑問文に）

_____

□ (2) He is going to meet this musician.（否定文に）

_____

□ (3) His mother will use a computer.（be going to を用いて疑問文に）

_____

□ (4) He will answer the phone. (疑問文にして, yes で答える)

_____ — _____

□ (5) My father won't get up early today. (be 動詞を使ってほぼ同じ意味を表す)

_____

4 各組の 2 文がほぼ同じ意味を表すように, 空所に適当な 1 語を入れなさい。

(5点×3=15点)

□ (1) Bob will travel abroad next year.
Bob (   ) (   ) (   ) travel abroad next year.

□ (2) Jill won't do her homework.
Jill (   ) (   ) (   ) do her homework.

□ (3) Will you come back soon?
(   ) you (   ) (   ) come back soon?

5 次の日本文に合うように, (   )内の語を並べかえなさい。 (7点×4=28点)

□ (1) 彼は今日ここに来る予定ですか。(here / to / going / he / is / come) today?

_____ today?

□ (2) この部屋にはいすはありませんでした。
(chair / a / not / was / there) in this room.

_____ in this room.

□ (3) 明日は雨が降らないでしょう。(will / it / not / rain / tomorrow).

_____ .

□ (4) このかばんの中にノートはありますか。
(bag / is / notebook / there / a / this / in)?

_____ ?

6 次の日本文を英語に直しなさい。 (7点)

□ 図書館には何人かの人がいました。

_____

学習日 ◯ 月 ◯ 日 ⏱ 制限時間 **30** 分　答え→別冊 p.6 ＿＿＿＿＿ / 100点

〈be able to ＋ 動詞の原形〉

2015

〈be 動詞＋able to＋動詞の原形〉は「〜することができます」という意味で，〈can＋動詞の原形〉とほぼ同じ意味を表します。be able to の be 動詞は主語に合わせて，am / are / is を使いわけましょう。

John can　　　speak Japanese. （ジョンは日本語を話すことができます）
　　　can　　＋　　動詞の原形

John is able to speak Japanese. （ジョンは日本語を話すことができます）
　　be 動詞 ＋able to＋動詞の原形

Q1 be able to を用いて全文を書きかえなさい。

（5点×5 = 25点）

☐ (1) あなたはサッカーを上手にすることができます。
You can play soccer well.

＿＿＿＿＿＿＿＿＿＿＿＿＿＿＿＿＿＿＿＿＿＿＿＿＿＿＿＿＿＿＿＿＿

☐ (2) 私はギターを上手に弾くことができます。
I can play the guitar well.

＿＿＿＿＿＿＿＿＿＿＿＿＿＿＿＿＿＿＿＿＿＿＿＿＿＿＿＿＿＿＿＿＿

☐ (3) 彼は手紙を上手に書くことができます。
He can write a letter well.

＿＿＿＿＿＿＿＿＿＿＿＿＿＿＿＿＿＿＿＿＿＿＿＿＿＿＿＿＿＿＿＿＿

☐ (4) 私たちの先生は私たちに上手に英語を教えることができます。
Our teacher can teach English to us well.

＿＿＿＿＿＿＿＿＿＿＿＿＿＿＿＿＿＿＿＿＿＿＿＿＿＿＿＿＿＿＿＿＿

☐ (5) リサは英語を上手に話すことができます。
Lisa can speak English well.

＿＿＿＿＿＿＿＿＿＿＿＿＿＿＿＿＿＿＿＿＿＿＿＿＿＿＿＿＿＿＿＿＿

Q2 次の日本文に合うように，（　　）内の語句を並べかえなさい。　　　(7点×5＝35点)

□ (1) あのお笑い芸人は，おもしろい話をすることができます。
(comedian / tell / can / that / an interesting story).

_____.

□ (2) 彼はバイオリンを上手に弾くことができます。
(he / play / the / able / is / to / violin / well).

_____.

□ (3) 私の姉はコンピューターを上手に使うことができます。
(sister / is / well / computer / a / able / my / to / use).

_____.

□ (4) その俳優は上手に踊ることができます。
(actor / the / well / dance / can).

_____.

□ (5) 彼は速く泳ぐことができます。
(is / able / swim / fast / he / to).

_____.

Q3 be able to を用いて，次の日本文を英語に直しなさい。　　　(8点×5＝40点)

□ (1) 彼は速く走ることができます。

_____

□ (2) 私の友だちはとても上手に歌を歌うことができます。

_____

□ (3) 彼らはとても速く泳ぐことができます。

_____

□ (4) あなたは野球を上手にすることができます。

_____

□ (5) 私はフランス語（French）を話すことができます。

_____

〈be able to + 動詞の原形〉の否定文

be able to を用いて「〜することができません」という否定文を作るには，be 動詞の後ろに not を置いて〈**be 動詞 + not able to + 動詞の原形**〉にします。is not は isn't, are not は aren't と短縮形で用いることもできます。

> **I am not able to drive a car.** （私は車を運転することができません）
> be 動詞 ＋ not able to ＋ 動詞の原形

> **Cathy is not able to play video games well.**
> be 動詞＋ not able to ＋動詞の原形　（キャシーは上手にテレビゲームをすることができません）

Q1 be able to を用いて全文を書きかえなさい。

（5点×5＝25点）

☐ (1) 私はサッカーを上手にすることができません。
I cannot play soccer well.

_____

☐ (2) 私はギターを上手に弾くことができません。
I cannot play the guitar well.

_____

☐ (3) あなたは日本語で手紙を書くことができません。
You can't write a letter in Japanese.

_____

☐ (4) 彼は速く走ることができません。
He can't run fast.

_____

☐ (5) リサはフランス語を話すことができません。
Lisa can't speak French.

_____

次の日本文に合うように，（　　）内の語を並べかえなさい。　(7点×5＝35点)

□ (1) あのお年寄りの男性は歩くことができません。
(able / elderly / man / to / isn't / that / walk).

_____ .

□ (2) 彼はバイオリンを弾くことができません。
(he's / play / the / able / not / to / violin).

_____ .

□ (3) 彼女はコンピューターを上手に使うことができません。
(use / not / computer / a / able / to / she's) well.

_____ well.

□ (4) 私はフランス語をあまり上手に話すことができません。
(able / to / not / speak / I'm / French) very well.

_____ very well.

□ (5) 彼は速く泳ぐことができません。
(isn't / able / swim / fast / he / to).

_____ .

Q③ **be able to** を用いて，次の日本文を英語に直しなさい。　(8点×5＝40点)

□ (1) 私の友だちはあまり上手に歌を歌うことができません。

_____

□ (2) 彼女はスペイン語（Spanish）を話すことができません。

_____

□ (3) 彼らは速く泳ぐことができません。

_____

□ (4) 私は野球をあまり上手にすることができません。

_____

□ (5) この男の子は日本語を話すことができません。

_____

〈be able to＋動詞の原形〉の疑問文と答え方

2017

be able to を用いて「〜することができますか」という疑問文を作るには，be動詞を文頭に置いて〈be動詞＋主語＋able to＋動詞の原形 〜?〉の形にします。この疑問文に対して「はい」と答えるときは〈Yes, 主語＋be動詞 .〉，「いいえ」と答えるときは〈No, 主語＋be動詞＋not.〉とします。

Is Danny able to play tennis well?
be動詞＋主語 ＋ able to ＋ 動詞の原形〜 ?　　（ダニーは上手にテニスをすることができますか）

—**Yes, he is.** （はい，できます）/ **No, he is not** [isn't]. （いいえ，できません）
Yes,　主語＋be動詞 .　　　　　　　No,　主語＋be動詞＋not.

Are they able to climb the mountain?
be動詞＋主語 ＋ able to ＋ 動詞の原形〜 ?　　　（彼らはその山に登ることができますか）

—**Yes, they are.** （はい，できます）/ **No, they are not** [aren't].
Yes,　主語 ＋be動詞 .　　　　　　No,　主語 ＋be動詞＋not. （いいえ，できません）

Q1 be able to を用いて全文を書きかえなさい。

（5点×5＝25点）

□ (1) あなたはサッカーを上手にすることができますか。　Can you play soccer well?

＿＿＿＿＿＿＿＿＿＿＿＿＿＿＿＿＿＿＿＿＿＿＿＿＿＿＿＿＿＿＿＿＿＿＿＿

□ (2) あなたのお兄さんはギターを上手に弾くことができますか。
Can your brother play the guitar well?

＿＿＿＿＿＿＿＿＿＿＿＿＿＿＿＿＿＿＿＿＿＿＿＿＿＿＿＿＿＿＿＿＿＿＿＿

□ (3) マイクは手紙を上手に書くことができますか。　Can Mike write a letter well?

＿＿＿＿＿＿＿＿＿＿＿＿＿＿＿＿＿＿＿＿＿＿＿＿＿＿＿＿＿＿＿＿＿＿＿＿

□ (4) あの男性は速く走ることができますか。　Can that man run fast?

＿＿＿＿＿＿＿＿＿＿＿＿＿＿＿＿＿＿＿＿＿＿＿＿＿＿＿＿＿＿＿＿＿＿＿＿

□ (5) 彼女は中国語を上手に話すことができますか。　Can she speak Chinese well?

＿＿＿＿＿＿＿＿＿＿＿＿＿＿＿＿＿＿＿＿＿＿＿＿＿＿＿＿＿＿＿＿＿＿＿＿

次の日本文に合うように，（　　）内の語句を並べかえなさい。　　　(7点×5＝35点)

□ (1) あなたは野球を上手にすることができますか。— はい，できます。
(are / you / play / well / able / to / baseball)? — (I / yes / am / ,).

_____? — _____.

□ (2) この赤ちゃんは話すことができますか。— いいえ，できません。
(baby / to / speak / this / able / is)? — (he / isn't / no / ,).

_____? — _____.

□ (3) 彼女はコンピューターを上手に使うことができますか。— はい，できます。
(is / well / computer / a / able / she / to / use)? — (she / is / yes / ,).

_____? — _____.

□ (4) あの俳優（はいゆう）は歌を上手に歌うことができますか。— いいえ，できません。
(to / is / able / that actor / sing / well / a song)? — (isn't / no / , / she).

_____? — _____.

□ (5) 彼は速く泳ぐことができますか。— はい，できます。
(is / able / swim / fast / he / to)? — (he / is / yes / ,).

_____? — _____.

be able to を用いて，次の日本文を英語に直しなさい。　　　(8点×5＝40点)

□ (1) 彼のお姉さんは上手に踊ることができますか。— はい，できます。

_____ — _____

□ (2) あの学生たちは上手に泳ぐことができますか。— いいえ，できません。

_____ — _____

□ (3) あなたの娘さん（むすめ）（daughter）は料理をすることができますか。— はい，できます。

_____ — _____

□ (4) あなたはフランス語を上手に話すことができますか。— いいえ，できません。

_____ — _____

□ (5) 彼はバイオリンを上手に弾くことができますか。— いいえ，できません。

_____ — _____

2018

助動詞 must

> must は助動詞の１つで，「〜しなければなりません」という〈義務〉の意味を表します。ほかの助動詞と同様，must のあとには動詞の原形が来ます。主語が He や She など３人称単数でも，must のあとの動詞は原形です。
>
> **I must stay home today.**（私は今日は家にいなければなりません）
> 　　must ＋ 動詞の原形
>
> **He must clean the room.**（彼は部屋を掃除しなければなりません）
> 　　must ＋ 動詞の原形

Q 1 次の英文の（　　）内の正しいほうを選び，◯で囲みなさい。　（5点×5 ＝ 25点）

□ (1) 私は理科を勉強しなければなりません。
　　I (must study / study must) science.

□ (2) 私は宿題をしなければなりません。
　　I (must do / do must) my homework.

□ (3) あなたは手紙を書かなければなりません。
　　You (must write / write must) a letter.

□ (4) 彼は彼の車を洗わなければなりません。
　　He (must wash / musts wash / must washes) his car.

□ (5) リサはロンドンに行かなければなりません。
　　Lisa (must goes / must go / musts go) to London.

Q2 次の日本文に合うように，（　　　）内の語を並べかえなさい。　(7点×5＝35点)

□ (1) 私は彼を手伝わなければなりません。
　　(help / him / must / I).

　　_____.

□ (2) 私は部屋を掃除しなければなりません。
　　(clean / I / must / room / the).

　　_____.

□ (3) あなたはメアリーに電話をしなければなりません。
　　(call / Mary / you / must).

　　_____.

□ (4) 彼は毎日，英語を勉強しなければなりません。
　　(must / English / he / study) every day.

　　_____ every day.

□ (5) 彼女は辞書を買わなければなりません。
　　(buy / dictionary / must / she / a).

　　_____.

Q3 次の日本文を英語に直しなさい。　(8点×5＝40点)

□ (1) 私はトム（Tom）に電話をしなければなりません。

　　_____

□ (2) 私は財布（wallet）を1つ買わなければなりません。

　　_____

□ (3) ジョン（John）は北京（Beijing）に行かなければなりません。

　　_____

□ (4) 彼女は皿（the dishes）を洗わなければなりません。

　　_____

□ (5) その生徒たちは宿題をしなければなりません。

　　_____

 # 助動詞 must の否定文

助動詞 must の否定形は must の後ろに not を置いて，must not とします。must not の短縮形は mustn't です。〈**must not[mustn't]＋動詞の原形**〉は「～してはいけません」という〈強い禁止〉の意味を表します。

You must not[mustn't] go there today.
　　　must not[mustn't]　＋　動詞の原形　　（あなたは今日，そこへ行ってはいけません）

She must not[mustn't] use that computer.
　　　must not[mustn't]　＋　動詞の原形　（彼女はあのコンピューターを使ってはいけません）

Q1 次の英文の（　　）内の正しいほうを選び，◯で囲みなさい。 （5点×5＝25点）

☐ (1) 私たちはここで野球をしてはいけません。
We (must not play / must play not) baseball here.

☐ (2) 私たちは今，宿題をしてはいけません。
We (do not must / must not do) our homework now.

☐ (3) あなたは今，話をしてはいけません。
You (mustn't talk / must talk not) now.

☐ (4) 彼はここでタバコを吸ってはいけません。
He (mustn't smoke / mustn't smokes) here.

☐ (5) 彼女は1人で出かけてはいけません。
She (mustn't goes / mustn't go) out alone.

Q2 次の日本文に合うように，（　　）内の語を並べかえなさい。 （7点×5＝35点）

☐ (1) 彼女は今，トムを手伝ってはいけません。(she / Tom / must / help / not) now.

_____ now.

☐ (2) 私は今，スマートフォンを使ってはいけません。
(use / I / must / smartphone / the / not / now).

_____ .

□ (3) あなたはメアリーに電話をしてはいけません。
(call / Mary / you / mustn't).

_____.

□ (4) 彼は今，テレビを見てはいけません。
(must / watch / he / TV / not / now).

_____.

□ (5) 彼女はここに座ってはいけません。
(sit / here / mustn't / she).

_____.

Q3 次の日本文を英語に直しなさい。　　　　　　　　　　　　(8点×5＝40点)

□ (1) 私は今，テレビを見てはいけません。

_____

□ (2) 私たちはここで，大きな声で話してはいけません。　　speak loud「大きな声で話す」

_____

□ (3) 彼らはここで野球をしてはいけません。

_____

□ (4) 彼女は今，トム（Tom）に電話をしてはいけません。

_____

□ (5) 彼は今，コンピューターを使ってはいけません。

_____

ポイント must not と命令文

You must not ～. の文は,「～してはいけない」という意味の命令文でもほぼ同じ意味が表せます。
　　You must not sing songs here.
　　= Don't sing songs here.　（ここで歌を歌ってはいけません）（→ p.62 参照）

〈must＋動詞の原形〉⇄ 〈have to＋動詞の原形〉

> 〈must＋動詞の原形〉は〈have[has] to＋動詞の原形〉とほぼ同じ意味を表します。have は，主語が3人称単数のときは has になります。
>
> **I must go** to the hospital.（私は病院に行かなければなりません）
> 　　must＋動詞の原形
>
> **I have to go** to the hospital.（私は病院に行かなければなりません）
> 　have[has] to＋動詞の原形

Q1 **have[has] to を用いて全文を書きかえなさい。**　　　　　（5点×5 = 25点）

☐ (1) 私は野球をしなければなりません。　I must play baseball.

＿＿＿＿＿＿＿＿＿＿＿＿＿＿＿＿＿＿＿＿＿＿＿＿＿＿＿＿＿＿＿

☐ (2) 彼女はあの本を読まなければなりません。　She must read that book.

＿＿＿＿＿＿＿＿＿＿＿＿＿＿＿＿＿＿＿＿＿＿＿＿＿＿＿＿＿＿＿

☐ (3) あなたは手紙を書かなければなりません。　You must write a letter.

＿＿＿＿＿＿＿＿＿＿＿＿＿＿＿＿＿＿＿＿＿＿＿＿＿＿＿＿＿＿＿

☐ (4) 私の父は東京へ行かなければなりません。　My father must go to Tokyo.

＿＿＿＿＿＿＿＿＿＿＿＿＿＿＿＿＿＿＿＿＿＿＿＿＿＿＿＿＿＿＿

☐ (5) 彼の息子たちはとても一生懸命働かなければなりません。
His sons must work very hard.

＿＿＿＿＿＿＿＿＿＿＿＿＿＿＿＿＿＿＿＿＿＿＿＿＿＿＿＿＿＿＿

Q2 **次の日本文に合うように，（　　　）内の語を並べかえなさい。**　（7点×5 = 35点）

☐ (1) 私はトムを手伝わなければなりません。　(I / Tom / have / help / to).

＿＿＿＿＿＿＿＿＿＿＿＿＿＿＿＿＿＿＿＿＿＿＿＿＿＿＿＿＿＿ .

□ ⑵ 私は自分の部屋を掃除しなければなりません。
(have / clean / I / to / room / my).

_____.

□ ⑶ ケンはメアリーに電話をしなければなりません。 (to / Ken / has / call / Mary).

_____.

□ ⑷ ボブは毎日日本語を勉強しなければなりません。
(to / Japanese / has / Bob / study) every day.

_____ every day.

□ ⑸ 彼女は辞書を買わなければなりません。 (buy / dictionary / to / has / she / a).

_____.

ⓠ❸ have[has] to を用いて，次の日本文を英語に直しなさい。　(8点×5＝40点)

□ ⑴ 彼女のお父さんはバンコク（Bangkok）へ行かなければなりません。

_____

□ ⑵ 彼らは英単語（English words）を覚え（learn）なければなりません。

_____

□ ⑶ 私は今，宿題をしなければなりません。

_____

□ ⑷ マヤは皿を洗わなければなりません。

_____

□ ⑸ 彼女はピアノを練習しなければなりません。

_____

┃ ポイント ┃ have to の過去形と未来を表す言い方

　must には過去形や未来形がないので，過去を表す場合は have to を過去形にした **had to**，未来を表す場合は **will have to** を用います。

　　My father had to study English. （私の父は英語を勉強しなければなりませんでした）

　　You will have to go. （あなたは行かなければならないでしょう）

〈have to ＋ 動詞の原形〉の否定文

2021

have to の否定形は，have to の前に don't を置き，〈**don't have to ＋ 動詞の原形**〉とします。主語が 3 人称単数の場合は，doesn't have to になります。これは「〜する必要はありません」という意味を表します。助動詞 must と have to はほぼ同じ意味を表しますが，否定形の must not は「〜してはいけません」，don't[doesn't] have to は「〜**する必要はありません**」と，意味が異なりますから注意しましょう。

I　**don't　have to　get up** early.　（私は早く起きる必要はありません）
　　don't　　　　have to ＋ 動詞の原形

Andy doesn't　have to　take medicine today.
　　　doesn't　　　have to ＋ 動詞の原形　（アンディは今日，薬を飲む必要はありません）

Q1 次の英文の（　　）内の正しいほうを選び，◯で囲みなさい。　　　（5点×5＝25点）

☐ (1) 私は英語を勉強する必要はありません。
　　I (don't have to / have not to) study English.

☐ (2) 彼女はその本を読む必要はありません。
　　She (don't have to / doesn't have to) read the book.

☐ (3) あなたは手紙を書く必要はありません。
　　You (don't have to / doesn't have to / don't have) write a letter.

☐ (4) 彼は皿を洗う必要はありません。
　　He (doesn't have to / don't have to / doesn't has to) wash the dishes.

☐ (5) 彼女は公園へ行く必要はありません。
　　She (don't have to / doesn't have to / doesn't have) go to the park.

Q2 次の日本文に合うように，（　　　）内の語句を並べかえなさい。　(7点×5＝35点)

☐ (1) 私はトムを手伝う必要はありません。
(don't / I / Tom / have / help / to).

_____.

☐ (2) あなたは自分の部屋を掃除する必要はありません。
(have / clean / you / to / room / your / don't).

_____.

☐ (3) あなたはキャシーに電話をする必要はありません。
(don't / to / you / have / call / Cathy).

_____.

☐ (4) 彼は今日，働く必要はありません。
(to / work / have / doesn't / he) today.

_____ today.

☐ (5) その生徒は辞書を買う必要はありません。
(buy / doesn't / dictionary / to / have / the student / a).

_____.

Q3 have to を用いて，次の日本文を英語に直しなさい。　(8点×5＝40点)

☐ (1) あなたはこの本を読む必要はありません。

_____

☐ (2) 私は辞書を買う必要はありません。

_____

☐ (3) 彼女は皿を洗う必要はありません。

_____

☐ (4) 彼は自分の部屋を掃除する必要はありません。

_____

☐ (5) あなたたちは公園に行く必要はありません。

_____

〈don't have to＋動詞の原形〉⇄〈need not＋動詞の原形〉

2022

---

don't[doesn't] have to と need not は, ほぼ同じ意味を表します。つまり, 〈don't[doesn't] have to＋動詞の原形〉は 〈need not[needn't]＋動詞の原形〉で書きかえることができます。need not に使われている need は動詞ではなく助動詞なので, 文の主語が 3 人称単数の場合でも, need には s はつけません。

I don't have to clean my room.　（私は自分の部屋を掃除する必要はありません）
　don't[doesn't] have to ＋動詞の原形

He need not　　clean his room.　（彼は自分の部屋を掃除する必要はありません）
　　need not　＋　動詞の原形

Q1 need not を用いて全文を書きかえなさい。　　　　　　（5点×5＝25点）

☐ ⑴ 私は今日, バイオリンを練習する必要はありません。
I don't have to practice the violin today.

_____

☐ ⑵ 私は今日, 英語を勉強する必要はありません。
I don't have to study English today.

_____

☐ ⑶ あなたはコンピューターを使う必要はありません。
You don't have to use a computer.

_____

☐ ⑷ 彼は今, メアリーに電話をする必要はありません。
He doesn't have to call Mary now.

_____

☐ ⑸ 私の父は今日, 働く必要はありません。
My father doesn't have to work today.

_____

Q2 次の日本文に合うように，（　　　）内の語を並べかえなさい。　　　（7点×5＝35点）

□ (1) 私は今日，出かける必要はありません。
(don't / to / go / I / out / have) today.

_____ today.

□ (2) あなたは自分の部屋を掃除する必要はありません。
(need / clean / you / room / your / not).

_____ .

□ (3) 私たちはキャシーに電話をする必要はありません。
(need / we / not / call / Cathy).

_____ .

□ (4) 彼は今日，働く必要はありません。
(not / work / need / he / today).

_____ .

□ (5) 彼女はかさを買う必要はありません。
(buy / need / umbrella / not / she / an).

_____ .

Q3 指示に従って，次の日本文を英語に直しなさい。　　　（8点×5＝40点）

□ (1) 彼女はロンドンへ行く必要はありません。　　　　　　　　　　（have to を用いて）

_____

□ (2) 私はトム（Tom）を手伝う必要はありません。　　　　　　　　（need を用いて）

_____

□ (3) マイク（Mike）は今日，エマ（Emma）に会う必要はありません。
（have to を用いて）

_____

□ (4) この少年は公園に行く必要はありません。　　　　　　　　　　（have to を用いて）

_____

□ (5) あなたたちは今，それを勉強する必要はありません。　　　　　（need を用いて）

_____

〈have to＋動詞の原形〉の疑問文と答え方

2023

---

have to の疑問文は, Do [Does] を主語の前に置いて〈**Do [Does]＋主語＋have to 〜 ?**〉にします。この文は「〜する必要はありますか, 〜しなければなりませんか」という意味です。この疑問文に「はい」と答えるときは〈**Yes, 主語＋do [does].**〉,「いいえ」と答えるときは〈**No, 主語＋do [does] not / don't [doesn't].**〉と答えます。

Do you have to write a report? （あなたはレポートを書く必要はありますか）
Do [Does] ＋主語＋ have to 〜 ?

— **Yes, I do.** （はい, あります）/ **No, I do not [don't].** （いいえ, ありません）
　 Yes, 　主語＋ do. 　　　　　　　　　　 No, 　主語＋ do not [don't].

Does Maya have to go home early? （マヤは早く家に帰る必要はありますか）
Do [Does] ＋ 主語 ＋ have to 〜 ?

— **Yes, she does.** （はい, あります）/ **No, she does not [doesn't].**
　 Yes, 　　主語 ＋ does. 　　　　　　　　 No, 主語＋does not [doesn't]. （いいえ, ありません）

Q1 次の英文を疑問文に書きかえなさい。　　　　　　　　　　（5点×5＝25点）

☐ (1) あなたは英語を勉強しなければなりません。You have to study English.

＿＿＿＿＿＿＿＿＿＿＿＿＿＿＿＿＿＿＿＿＿＿＿＿＿＿＿＿＿＿＿＿

☐ (2) 彼は日記をつけなければなりません。He has to keep a diary.

＿＿＿＿＿＿＿＿＿＿＿＿＿＿＿＿＿＿＿＿＿＿＿＿＿＿＿＿＿＿＿＿

☐ (3) 彼女は手紙を書かなければなりません。She has to write a letter.

＿＿＿＿＿＿＿＿＿＿＿＿＿＿＿＿＿＿＿＿＿＿＿＿＿＿＿＿＿＿＿＿

☐ (4) あなたたちはその文章を覚えなければなりません。
You have to learn the sentences.

＿＿＿＿＿＿＿＿＿＿＿＿＿＿＿＿＿＿＿＿＿＿＿＿＿＿＿＿＿＿＿＿

☐ (5) 彼らは友だちを助けなければなりません。They have to help their friend.

＿＿＿＿＿＿＿＿＿＿＿＿＿＿＿＿＿＿＿＿＿＿＿＿＿＿＿＿＿＿＿＿

Q2 次の日本文に合うように，（　）内の語を並べかえなさい。　(7点×5＝35点)

□ (1) あなたは宿題をする必要はありますか。— はい，あります。
(you / do / to / have / do / homework / your)? — (yes / do / I / ,).

_____? — _____.

□ (2) 彼はバイオリンを弾く必要はありますか。— いいえ，ありません。
(he / does / to / the / have / violin / play)? — (, / no / does / he / not).

_____? — _____.

□ (3) 彼女はコンピューターを使う必要はありますか。— はい，あります。
(does / computer / she / to / use / have / a)? — (she / does / yes / ,).

_____? — _____.

□ (4) あなたはフランス語を話す必要はありますか。— いいえ，ありません。
(you / have / to / speak / do / French)? — (I / don't / no / ,).

_____? — _____.

□ (5) 彼は英語を勉強する必要はありますか。— はい，あります。
(does / have / study / English / he / to)? — (yes / he / , / does).

_____? — _____.

Q3 **have to** を用いて，次の日本文を英語に直しなさい。　(8点×5＝40点)

□ (1) 私は早く来なければなりませんか。— はい，そうです。

_____ — _____

□ (2) 彼らはこの本を読む必要はありますか。— はい，あります。

_____ — _____

□ (3) あなたはメアリー（Mary）に会わなければなりませんか。— いいえ，その必要はありません。

_____ — _____

□ (4) 彼は数学を勉強しなければなりませんか。— はい，そうです。

_____ — _____

□ (5) あの少年はここに来なければなりませんか。— いいえ，その必要はありません。

_____ — _____

51

Will you ～？/ Shall I [we]～？/ May I ～？

2024

助動詞を用いた疑問文には，決まった言い方として慣用的に用いるものが多くあります。ここでは **Will you ～？**「～してくれませんか〈依頼〉」，**Shall I ～？**「～しましょうか〈申し出〉」，**Shall we ～？**「～しませんか〈勧誘〉」，**May I ～？**「～してもよいですか〈許可〉」の４つを学習しましょう。

〔依頼〕 **Will you open the gate?** （門を開けてくれませんか）
Will you ～？

〔申し出〕 **Shall I carry your bags?** （あなたのかばんを運びましょうか）
Shall I ～？

〔勧誘〕 **Shall we play tennis?** （（いっしょに）テニスをしませんか）
Shall we ～？

〔許可〕 **May I go fishing tomorrow?** （明日釣りに行ってもよいですか）
May I ～？

Q1 次の英文の（　　）内の正しいほうを選び，◯で囲みなさい。　　(5点×5＝25点)

□ (1) 窓を開けてくれませんか。
(Will you / Shall I) open the window?

□ (2) あなたに電話しましょうか。
(May I / Shall I) call you?

□ (3) 公園へ行きませんか。
(Will you / Shall we) go to the park?

□ (4) 休憩をとってもよいですか。
(Shall I / May I) take a break?

□ (5) 電気を消してくれませんか。
(Shall we / Will you) turn off the lights?

Q2 次の日本文に合うように，（　　）内の語句を並べかえなさい。 (7点×5＝35点)

□ (1) ドアを閉めてくれませんか。
(you / close / door / the / will)?

_____?

□ (2) 野球をしませんか。
(we / shall / baseball / play)?

_____?

□ (3) あなたの宿題を手伝いましょうか。　　　　〈help 人 with ～〉「人の～を手伝う」
(I / help / with / you / your / shall / homework)?

_____?

□ (4) もう帰宅してもよいですか。
(I / go / home / may / now)?

_____?

□ (5) 明日，あの本を持ってきましょうか。
(bring / shall / that book / I / tomorrow)?

_____?

Q3 次の日本文を英語に直しなさい。 (8点×5＝40点)

□ (1) 窓を閉めてもらえませんか。

_____

□ (2) この自転車に乗ってもよいですか。

_____

□ (3) （私が）花をいくらか（some）買いましょうか。

_____

□ (4) 手伝ってもらえませんか。

_____

□ (5) （いっしょに）彼のパーティーに行きませんか。

_____

Would you like to～?

2025

前回に続いて，助動詞を用いた慣用表現を学習しましょう。今回は〈**Would you like to ＋動詞の原形 ～?**〉「～するのはいかがですか，～してはいかがですか」と，〈**Would you like＋名詞 ?**〉「～はいかがですか」の２つです。どちらも，相手に何かをすすめるときによく用いられる表現です。

Would you like to join the party? （パーティーに参加するのはいかがですか）
Would you like to ＋ 動詞の原形 ～ ?

Would you like some cookies? （クッキーはいかがですか）
Would you like ～ ?

Q1 次の日本文に合うように，（　　）内の語句を並べかえなさい。　（5点×5＝25点）

☐ (1) 私たちに加わってはいかがですか。
(to / us / you / would / like / join)?

＿＿＿＿＿＿＿＿＿＿＿＿＿＿＿＿＿＿＿＿＿＿＿＿＿＿＿＿＿＿＿＿?

☐ (2) 休憩してはいかがですか。
(would / like / you / to / a break / take)?

＿＿＿＿＿＿＿＿＿＿＿＿＿＿＿＿＿＿＿＿＿＿＿＿＿＿＿＿＿＿＿＿?

☐ (3) こちらへ来てはいかがですか。
(you / would / like / come / to) here?

＿＿＿＿＿＿＿＿＿＿＿＿＿＿＿＿＿＿＿＿＿＿＿＿＿＿＿ here?

☐ (4) 座ってはいかがですか。
(take / would / you / a / like / to / seat)?

＿＿＿＿＿＿＿＿＿＿＿＿＿＿＿＿＿＿＿＿＿＿＿＿＿＿＿＿＿＿＿＿?

☐ (5) 紅茶を召し上がってはいかがですか。
(to / some / would / like / tea / have / you)?

＿＿＿＿＿＿＿＿＿＿＿＿＿＿＿＿＿＿＿＿＿＿＿＿＿＿＿＿＿＿＿＿?

次の日本文に合うように，（　　）内の語を並べかえなさい。　(7点×5＝35点)

□ (1) コーヒーはいかがですか。
(some / you / would / like / coffee)?

_____?

□ (2) ケーキをひとついかがですか。
(cake / a / would / of / you / like / piece)?

_____?

□ (3) もう少しジュースをいかがですか。
(more / you / would / like / some / juice)?　　　〈some more〉「もう少しの〜」

_____?

□ (4) もう少しミルクをいかがですか。
(milk / would / like / you / more / some)?

_____?

□ (5) スープを1杯いかがですか。
(a / like / of / you / cup / would / soup)?

_____?

Q3 **would you like (to)を用いて，次の日本文を英語に直しなさい。** (8点×5＝40点)

□ (1) コーヒーを1杯召し上がってはいかがですか。

_____

□ (2) 私たちと買いものに行くのはいかがですか。

_____

□ (3) クッキー（cookies）をもう少しいかがですか。

_____

□ (4) 映画を見に行く（go to the movies）のはいかがですか。

_____

□ (5) 明日，サッカーをするのはいかがですか。

_____

命令文 ①
（be 動詞）

2026

「〜しなさい」と命令したり指示したりする文を**命令文**といいます。命令文では主語の you を省略して，動詞の原形から文を始めます。am / are / is を使う文では，**原形の be** で始めます。

Be kind to your little brother.　（弟には優しくしなさい）
動詞の原形

Q1 次の英文の（　　）内の正しいほうを選び，◯で囲みなさい。　　（5点×5＝25点）

☐ (1) 図書館では静かにしなさい。
（ Be / Is) quiet in the library.

☐ (2) 妹には優しくしなさい。
（ Be / Are) kind to your little sister.

☐ (3) 幸せになりなさい。
（ Is / Be) happy.

☐ (4) よい政治家になりなさい。
（ Is / Be) a good politician.

☐ (5) いい子にしなさい。
（ Be / Are) a good boy.

次の日本文に合うように，（　　　）内の語句を並べかえなさい。　　(7点×5＝35点)

□ (1) 英雄になりなさい。
えいゆう
(a / hero / be).

_____ .

□ (2) よい警察官になりなさい。
(a / police officer / be / good).

_____ .

□ (3) 友だちには優しくしなさい。
(kind / be) to your friends.

_____ to your friends.

□ (4) 親切な先生になりなさい。
(teacher / a / kind / be).

_____ .

□ (5) この部屋では静かにしなさい。
(room / in / quiet / this / be).

_____ .

Q3 次の日本文を英語に直しなさい。　　(8点×5＝40点)

□ (1) よい医者になりなさい。

_____

□ (2) 強い人（a strong person）になりなさい。

_____

□ (3) 気をつけなさい。

_____

□ (4) 友だちには親切にしなさい。

_____

□ (5) 授業中（during class）は静かにしなさい。

_____

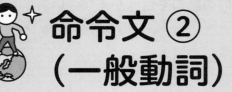

命令文 ②
（一般動詞）

2027

ここでは一般動詞を使って「〜しなさい」という意味を表す命令文を学習しましょう。命令文は主語を省略し，動詞の原形から文を始めます。主語が 3 人称単数のときにつける s や，現在進行形のときに用いた動詞の ing などは使いません。

Clean your room. （部屋を掃除しなさい）
動詞の原形

Q1 次の英文の（　　）内の正しいほうを選び，◯で囲みなさい。　　　（5点×5＝25点）

□ (1) ジェニーとテニスをしなさい。
(Play / Plays) tennis with Jenny.

□ (2) ボブ，今夜は英語を勉強しなさい。
Bob, (studies / study) English tonight.

□ (3) 毎日本を読みなさい。
(Read / Reads) books every day.

□ (4) 今すぐ立ち上がりなさい。
(Stand up / Stands up) right now.

□ (5) 座りなさい，ケンタ。
(Sit down / Sits down), Kenta.

Q2 次の日本文に合うように，（　　）内の語を並べかえなさい。　　　（7点×5＝35点）

□ (1) ピアノを練習しなさい。
(the / piano / practice).

_____.

□ (2) 今日は数学を勉強しなさい。
(today / math / study).

_____.

☐ (3) 大きな声で教科書を読みなさい。

(the / textbook / read) in a loud voice.   in a loud voice「大きな声で」

_____ in a loud voice.

☐ (4) 明日は学校に来なさい。

(tomorrow / come / school / to).

_____ .

☐ (5) ここに座りなさい。

(here / sit).

_____ .

Q3 次の日本文を英語に直しなさい。   (8点×5＝40点)

☐ (1) ベン（Ben）とテニスをしなさい。

_____

☐ (2) 数学を一生懸命勉強しなさい。

_____

☐ (3) その教科書を読みなさい。

_____

☐ (4) 今すぐここに来なさい。

_____

☐ (5) 家に帰りなさい。

_____

 ポイント 呼びかけの言葉を書く場合

　呼びかける相手の名前を書くときは，文の先頭に置いても文の最後に置いてもよいですが，どちらの場合も必ずコンマ(,)で区切ります。

Ken, do your homework.（ケン，宿題をしなさい）

Do your homework, **Ken**.（宿題をしなさい，ケン）

命令文 ③ （please のつく文）

2028

> 「〜しなさい」という意味を表す命令文を,「〜してください」と,少していねいにいう場合は, please を, 文の先頭か文の最後に置きます。文の最後に置くときは, please の前にコンマを置きます。
>
> 　　　**Please** open the door.　（ドアを開けてください）
> 　　　**Open the door**, **please**.　（ドアを開けてください）

Q 1 ① は please を文頭に置いて, ていねいな命令文にしなさい。
② は please を文末に置いて, ていねいな命令文にしなさい。

（5点×5 ＝ 25点）

☐ (1) Be quiet.

　① ＿＿＿＿＿＿＿＿＿＿＿＿＿＿＿＿＿＿＿＿＿＿＿＿＿＿＿＿＿＿＿

　② ＿＿＿＿＿＿＿＿＿＿＿＿＿＿＿＿＿＿＿＿＿＿＿＿＿＿＿＿＿＿＿

☐ (2) Be a good doctor.

　① ＿＿＿＿＿＿＿＿＿＿＿＿＿＿＿＿＿＿＿＿＿＿＿＿＿＿＿＿＿＿＿

　② ＿＿＿＿＿＿＿＿＿＿＿＿＿＿＿＿＿＿＿＿＿＿＿＿＿＿＿＿＿＿＿

☐ (3) Be careful.

　① ＿＿＿＿＿＿＿＿＿＿＿＿＿＿＿＿＿＿＿＿＿＿＿＿＿＿＿＿＿＿＿

　② ＿＿＿＿＿＿＿＿＿＿＿＿＿＿＿＿＿＿＿＿＿＿＿＿＿＿＿＿＿＿＿

☐ (4) Do your homework.

　① ＿＿＿＿＿＿＿＿＿＿＿＿＿＿＿＿＿＿＿＿＿＿＿＿＿＿＿＿＿＿＿

　② ＿＿＿＿＿＿＿＿＿＿＿＿＿＿＿＿＿＿＿＿＿＿＿＿＿＿＿＿＿＿＿

☐ (5) Play the piano.

　① ＿＿＿＿＿＿＿＿＿＿＿＿＿＿＿＿＿＿＿＿＿＿＿＿＿＿＿＿＿＿＿

　② ＿＿＿＿＿＿＿＿＿＿＿＿＿＿＿＿＿＿＿＿＿＿＿＿＿＿＿＿＿＿＿

Q2 次の日本文に合うように，（　　）内の語を並べかえなさい。　(7点×5＝35点)

☐ (1) 立ってください。
(stand / please / up / ,).

_____.

☐ (2) 座ってください。
(please / down / sit).

_____.

☐ (3) お年寄りに親切にしてください。
(kind / please / be) to elderly people.

_____ to elderly people.

☐ (4) 幸せになってください。
(happy / be / please / ,).

_____.

☐ (5) 一生懸命数学を勉強してください。
(math / study / hard / please).

_____.

Q3 **please** を文頭に置いて，次の日本文を英語に直しなさい。　(8点×5＝40点)

☐ (1) この部屋では静かにしてください。

_____

☐ (2) そのナイフ（knife）を使うときは気をつけてください。

_____

☐ (3) 卵をいくつか買ってください。

_____

☐ (4) あの辞書を持ってきてください。

_____

☐ (5) その音楽を止めてください。

_____

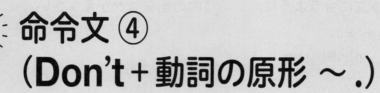

命令文 ④ （Don't ＋ 動詞の原形 〜 .）

2029

「〜してはいけません」と〈禁止〉や〈否定〉を表す命令文は，ふつうの命令文の前に Don't を置きます。be 動詞の文を否定の命令文にする場合は，be の前に Don't を置きます。
〈Don't ＋動詞の原形 〜 .〉は〈You must not ＋動詞の原形 〜 .〉の形に書きかえることができます。

Don't go outside today.　（今日は外に行ってはいけません）
Don't ＋動詞の原形〜 .

= **You must not go outside today.**　（今日は外に行ってはいけません）
You　　must not　＋　動詞の原形 〜 .

Q1 **Don't** を用いて，〈禁止〉の命令文に書きかえなさい。　　　　（5点×5 ＝ 25点）

☐ (1) Be noisy.

＿＿＿＿＿＿＿＿＿＿＿＿＿＿＿＿＿＿＿＿＿＿＿＿＿＿＿＿＿＿＿＿＿＿＿＿＿＿

☐ (2) Stand up.

＿＿＿＿＿＿＿＿＿＿＿＿＿＿＿＿＿＿＿＿＿＿＿＿＿＿＿＿＿＿＿＿＿＿＿＿＿＿

☐ (3) Sit down.

＿＿＿＿＿＿＿＿＿＿＿＿＿＿＿＿＿＿＿＿＿＿＿＿＿＿＿＿＿＿＿＿＿＿＿＿＿＿

☐ (4) Be selfish.　　　　　　　　　　　　　　　　　　　　selfish「わがままな」

＿＿＿＿＿＿＿＿＿＿＿＿＿＿＿＿＿＿＿＿＿＿＿＿＿＿＿＿＿＿＿＿＿＿＿＿＿＿

☐ (5) Talk to him.

＿＿＿＿＿＿＿＿＿＿＿＿＿＿＿＿＿＿＿＿＿＿＿＿＿＿＿＿＿＿＿＿＿＿＿＿＿＿

Q2 次の日本文に合うように，（　　）内の語を並べかえなさい。　(7点×5＝35点)

☐ (1) ここで走ってはいけません。
(run / don't / here).

_____.

☐ (2) ここで寝てはいけません。
(sleep / here / don't).

_____.

☐ (3) 彼女に話しかけてはいけません。
(talk / her / don't / to).

_____.

☐ (4) わがままにしてはいけません。
(be / selfish / don't).

_____.

☐ (5) 恥ずかしがってはいけません。
(shy / don't / be).

_____.

Q3 **Don't** を用いて，ほぼ同じ意味になるように全文を書きかえなさい。(8点×5＝40点)

☐ (1) You must not be noisy. （うるさくしてはいけません）

_____

☐ (2) You must not stand there. （そこに立ってはいけません）

_____

☐ (3) You must not sit here. （ここに座ってはいけません）

_____

☐ (4) You mustn't get angry. （怒ってはいけません）

_____

☐ (5) You mustn't walk alone here. （1人でここを歩いてはいけません）

_____

命令文 ⑤
（please で禁止を表す文）

2030

〈禁止〉の命令文「〜してはいけません」を少していねいにいう表現を学習しましょう。「〜しないでください」という場合は，please を文の先頭か文の最後に置きます。文の最後に置くときは，please の前にコンマ（ , ）をつけましょう。

Please don't be late tomorrow. （明日は遅れないでください）
Please　＋　don't ＋ 動詞の原形 〜 .

Don't be late tomorrow, please. （明日は遅れないでください）
Don't ＋ 動詞の原形〜 , please.

Q1 **please を文頭に用いて，「〜しないでください」という命令文に書きかえなさい。**

（5点×5 ＝ 25点）

☐ (1) Don't be noisy.

_____

☐ (2) Don't stand up now.

_____

☐ (3) Don't sit down.

_____

☐ (4) Don't be selfish.

_____

☐ (5) Don't tell a lie.　　　　　　　　　　　tell a lie「うそをつく」

_____

Q2 次の日本文に合うように，（　　）内の語を並べかえなさい。 （7点×5＝35点）

☐ (1) 怒らないでください。
(angry / don't / get / please).

_____ .

☐ (2) 恥ずかしがらないでください。
(be / don't / please / shy / ,).

_____ .

☐ (3) その部屋に入らないでください。
(enter / don't / room / the / please).

_____ .

☐ (4) 学校に遅れないでください。
(late / don't / be / please) for school.

_____ for school.

☐ (5) 夜に外出しないでください。
(at / don't / out / go / night / please / ,).

_____ .

Q3 please を文の終わりに用いて，次の日本文を英語に直しなさい。 （8点×5＝40点）

☐ (1) 大きい声で（loud）話さないでください。

_____

☐ (2) この部屋で昼食をとらないでください。

_____

☐ (3) あの自転車に乗らないでください。

_____

☐ (4) バスに遅れないでください。

_____

☐ (5) このコーヒーを飲まないでください。

_____

命令文 ⑥ (Let's＋動詞の原形 〜 .)

2031

「〜を（いっしょに）しましょう」と何かを〈提案〉したり，相手を誘ったりする表現を学習しましょう。この表現では，命令文の前に **Let's** を置きます。

〈**Let's＋動詞の原形 〜 .**〉は〈**Shall we＋動詞の原形 〜 ?**〉「（いっしょに）〜しませんか」に書きかえることができます。

Let's go to the park. （公園に行きましょう）
Let's ＋ 動詞の原形 〜 .

Shall we go to the park? （公園に行きませんか）
Shall we ＋ 動詞の原形 〜 ?

Q1 Let's を用いて，「〜しましょう」という意味の文に書きかえなさい。（5点×5＝25点）

☐ (1) Start.

_____

☐ (2) Go.

_____

☐ (3) Play the piano.

_____

☐ (4) Study Japanese.

_____

☐ (5) Go out of here.

_____

Q2 次の日本文に合うように，（　　）内の語を並べかえなさい。（7点×5＝35点）

☐ (1) 試してみましょう。(try / let's).

_____ .

□ (2) 英語を勉強しましょう。(study / let's / English).

     _____.

□ (3) 今日の授業を終わりましょう。(finish / lesson / today's / let's).

     _____.

□ (4) <ruby>韓国語<rt>かんこくご</rt></ruby>を話しましょう。(Korean / let's / speak).

     _____.

□ (5) いっしょに働きましょう。(let's / together / work).

     _____.

Q3 (1)～(3)は**Let's** を，(4)～(5)は **Shall we** を用いて書きかえなさい。(8点×5＝40点)

□ (1) Shall we dance?（<ruby>踊<rt>おど</rt></ruby>りませんか）

     _____

□ (2) Shall we read the book?（その本を読みませんか）

     _____

□ (3) Shall we play basketball?（バスケットボールをしませんか）

     _____

□ (4) Let's study math.（数学を勉強しましょう）

     _____

□ (5) Let's listen to music.（音楽を聞きましょう）

     _____

ポイント 〈Let's ＋動詞の原形～ .〉の答え方

   Let's ～. に対して「はい，そうしましょう」と同意する場合は Yes, let's. と答えます。「いいえ，やめましょう」と同意しない場合は No, let's not. と答えることもできますが，ふつうは断る理由や代わりの提案を伝えます。

    Let's play tennis.（テニスをしましょう）

      — I'm sorry, but I'm tired.（残念だけど，<ruby>疲<rt>つか</rt></ruby>れているんです）

出題範囲 ▶ **セクション14～30**

1 次の(　　)に入る語を，[　　]内から選びなさい。 (4点×5=20点)

☐ (1) 私の宿題を手伝ってもらえますか。
　　(　　　　　) you help me with my homework?　　[Shall / Will / Must]

☐ (2) 窓を開けましょうか。
　　(　　　　　) I open the window?　　　　　　　　[Will / Shall / Can]

☐ (3) 少し休んではいかがですか。
　　(　　　　　) you like to take a rest for a while?　　[Can / Would / Shall]

☐ (4) 静かにしてください。
　　(　　　　　) quiet, please.　　　　　　　　　　　[Is / Be / Do]

☐ (5) 私は今，行かなければなりません。
　　I (　　　　　) to go now.　　　　　　　　　　　[have / must / will]

2 各組の2文がほぼ同じ意味を表すように，(　　)に適当な1語を入れなさい。 (4点×5=20点)

☐ (1) You must be careful.
　　(　　　　　) careful.

☐ (2) Let's sing a song together.
　　(　　　　　) (　　　　　) sing a song together?

☐ (3) Please help me.
　　(　　　　　) you help me?

☐ (4) You must not be noisy.
　　(　　　　　) (　　　　　) noisy.

☐ (5) Can you speak Spanish?
　　(　　　　　) you (　　　　　) to speak Spanish?

3 (　　)に入れるのに適当な1語を書きなさい。 (4点×3=12点)

☐ (1) *Mary:* I feel a little cold. How about you?
　　Bob　: Yes. (　　　　　) I close the window?
　　Mary: Thank you very much.

□ (2) *Takashi:* (   ) (   ) go out for lunch?

  Cathy : Yes, let's.

□ (3) *Mike* : (   ) you like some cookies?

  Ken : Yes, please.

4 ( ) 内の指示に従って，文を書きかえなさい。 (6点×4=24点)

□ (1) You must not be late for school. (don't を使って同じ意味を表す文に)

_____

□ (2) You have to do your homework today. (疑問文に)

_____

□ (3) She doesn't have to go to the airport. (need not を用いて同じ意味の文に)

_____

□ (4) You clean the room. (please を文頭に置いて，ていねいな命令文に)

_____

5 次の日本文に合うように，( ) 内の語を並べかえなさい。 (6点×4=24点)

□ (1) お手伝いしましょうか。— ええ，お願いします。
(I / help / shall / you)? — (please / yes / ,).

_____? — _____.

□ (2) 友だちには親切にしなさい。
(kind / be / friends / to / your).

_____.

□ (3) 野球をしましょうか。— はい，そうしましょう。
(shall / play / we / baseball)? — (let's / yes / ,).

_____? — _____.

□ (4) このコンピューターを使ってはいかがですか。
(would / like / use / computer / you / to / this)?

_____?

学習日 ◯ 月 ◯ 日　⏱制限時間 **30** 分　答え→別冊 p.12　＿＿＿＿ / 100点

不定詞　名詞的用法 ①（目的語）

2033

> 〈**to＋動詞の原形**〉の形を不定詞といいます。不定詞は主語の人称や数，動詞の時制に影響を受けないので，いつでもこの形で用います。不定詞には 3 つの用法があるので，1 つずつ学習していきましょう。最初は**名詞的用法**です。「**〜すること**」という意味を表し，文中では主語・目的語・補語になって，名詞と同じ働きをします。ここでは，動詞の**目的語**になる文を練習しましょう。
>
> 　　　　主語　　　動詞　　　目的語
> 　　　Bob　likes　soccer.　（ボブはサッカーが好きです）
> 　　　　　　　　　　　　名詞
>
> 　　　Bob　likes　**to play** soccer.　（ボブはサッカーをすることが好きです）
> 　　　　　　　　　to＋動詞の原形

Q1 次の英文の（　　）内の正しいほうを選び，◯で囲みなさい。　　　　（5点×5 ＝ 25点）

☐ (1) 私はサッカーをすることが好きです。
　　I like (to play / play) soccer.

☐ (2) 私は英語を勉強することが好きでした。
　　I liked (to study / study) English.

☐ (3) 彼は大阪を訪ねるのが好きです。
　　He likes (to visit / visits) Osaka.

☐ (4) 彼女はフランス語を勉強したいと思っていました。
　　She wanted (studied / to study) French.

☐ (5) 私の母はテニスをし始めました。
　　My mother started (plays / to play) tennis.

Q2　次の日本文に合うように，（　　）内の語を並べかえなさい。

(7点×5＝35点)

□ (1) 私の父はテレビを見ることが好きです。
　　 (TV / to / my / likes / watch / father).

　　 _____ .

□ (2) 私は車を運転することが好きでした。
　　 (liked / I / to / a / drive / car).

　　 _____ .

□ (3) 彼は野球をしたいと思っていました。
　　 (play / wanted / baseball / he / to).

　　 _____ .

□ (4) 私は英語を勉強したいと思っています。
　　 (I / English / study / to / want).

　　 _____ .

□ (5) 雨が降り始めました。
　　 (started / to / it / rain).

　　 _____ .

Q3　不定詞を用いて，次の日本文を英語に直しなさい。

(8点×5＝40点)

□ (1) 彼は野球をすることが好きです。

　　 _____

□ (2) 彼女はフランス語を勉強したいと思っています。

　　 _____

□ (3) 彼は京都を訪ねたいと思っていました。

　　 _____

□ (4) 私はバスケットボールをし始めました。

　　 _____

□ (5) 雪が降り（snow）始めました。

　　 _____

不定詞　名詞的用法 ②（主語）

2034

前回は，「〜すること」という意味を表す名詞的用法の不定詞が動詞の目的語になることを学習しました。ここでは，その不定詞が**主語**になる文を練習してみましょう。

　　　　　　　主語　　　　　　動詞
To study English is interesting.　（英語を勉強することはおもしろいです）
to＋動詞の原形

不定詞で作る主語は 3 人称単数なので，be 動詞は is を使います。

Q1　次の英文の（　　）内の正しいほうを選び，◯で囲みなさい。　　（5点×5 ＝ 25点）

□ (1) 英語を話すことはおもしろいです。
　　　(To speak English / Speak English) is interesting.

□ (2) サッカーをすることは楽しいです。
　　　(Plays soccer / To play soccer) is fun.

□ (3) 本を読むことはよいことです。
　　　(To reading / To read) books is good.

□ (4) 多くの友だちを持つことは大切です。
　　　(To have / Had) many friends is important.

□ (5) 辞書を使うことは簡単ではありません。
　　　(To use / To using) a dictionary is not easy.

Q2

次の日本文に合うように，（　　）内の語句を並べかえなさい。　(7点×5＝35点)

☐ (1) フランス語を話すことは楽しいです。

(speak / French / to) is fun.

_____ is fun.

☐ (2) ピアノを弾くことはとてもおもしろいです。

(play / piano / to / the) is very interesting.

_____ is very interesting.

☐ (3) ニュース番組を見ることは大切です。

(to / the news / important / watch / is).

_____ .

☐ (4) 宿題をすることは簡単ではありませんでした。

(to / the homework / was / easy / not / do).

_____ .

☐ (5) お年寄りを助けることはとてもよいことです。

(very / help / to / elderly / good / people / is).

_____ .

Q3

不定詞を用いて，次の日本文を英語に直しなさい。　(8点×5＝40点)

☐ (1) 英語を話すことは簡単ではありませんでした。

_____

☐ (2) 宿題をすることは大切です。

_____

☐ (3) ピアノを弾くことは楽しいです。

_____

☐ (4) 辞書を使うことはとてもよいことです。

_____

☐ (5) ニュース番組を見ることはよいことです。

_____

不定詞　名詞的用法 ③（補語）

2035

「〜すること」という意味を表す名詞的用法の不定詞は，be 動詞の後ろに置くこともできます。この場合の不定詞は，主語の説明をする**補語**の働きをします。下の例文の to be 〜 は，主語の My dream がどのようなものかを説明しています。

　　　　　　主語　　　　動詞　　補語
My dream　is　to be a police officer.（私の夢は警察官になることです）
　　　　　　　　　be 動詞　to＋動詞の原形

Q1 次の英文の（　　）内の正しいほうを選び，◯で囲みなさい。　　（5点×5 ＝ 25点）

☐ (1) 私の夢は先生になることです。

My dream is (to be / be) a teacher.

☐ (2) 私の夢は歌手になることでした。

My dream was (be / to be) a singer.

☐ (3) 私の趣味はサッカーをすることです。

My hobby is (to play / plays) soccer.

☐ (4) ボブの趣味は本を読むことです。

Bob's hobby is (to read / reads) books.

☐ (5) 私の目標は病気の人々を助けることです。

My goal is (helped / to help) sick people.　　　　　goal「目標」

次の日本文に合うように，（　　　）内の語句を並べかえなさい。　　(7点×5＝35点)

□ (1) 私の夢はフランスに行くことです。
My dream is (to / go / France / to).

My dream is ＿＿＿＿＿＿＿＿＿＿＿＿＿＿＿＿＿＿＿＿ .

□ (2) 彼の夢は俳優になることでした。
His dream was (to / an / be / actor).

His dream was ＿＿＿＿＿＿＿＿＿＿＿＿＿＿＿＿＿＿＿ .

□ (3) 私の趣味は切手を集めることでした。
(hobby / my / was / stamps / collect / to).

＿＿＿＿＿＿＿＿＿＿＿＿＿＿＿＿＿＿＿＿＿＿＿＿＿＿ .

□ (4) 彼女の趣味は小説を読むことです。
(her / is / hobby / novels / to / read).

＿＿＿＿＿＿＿＿＿＿＿＿＿＿＿＿＿＿＿＿＿＿＿＿＿＿ .

□ (5) 彼らの目標は病気の人々を助けることです。
(goal / their / to / is / help / sick people).

＿＿＿＿＿＿＿＿＿＿＿＿＿＿＿＿＿＿＿＿＿＿＿＿＿＿ .

不定詞を用いて，次の日本文を英語に直しなさい。　　(8点×5＝40点)

□ (1) 私の夢は先生になることでした。

＿＿＿＿＿＿＿＿＿＿＿＿＿＿＿＿＿＿＿＿＿＿＿＿＿＿

□ (2) 彼女の夢はフランスに行くことです。

＿＿＿＿＿＿＿＿＿＿＿＿＿＿＿＿＿＿＿＿＿＿＿＿＿＿

□ (3) 私の趣味は本を読むことです。

＿＿＿＿＿＿＿＿＿＿＿＿＿＿＿＿＿＿＿＿＿＿＿＿＿＿

□ (4) 彼の趣味は野球をすることでした。

＿＿＿＿＿＿＿＿＿＿＿＿＿＿＿＿＿＿＿＿＿＿＿＿＿＿

□ (5) 彼らの目標は貧しい（poor）人々を助けることです。

＿＿＿＿＿＿＿＿＿＿＿＿＿＿＿＿＿＿＿＿＿＿＿＿＿＿

形式主語構文 (It is ... for __ to 〜)

不定詞の名詞的用法「〜すること」を主語とする文では，主語の部分が動詞に比べて長くなることがあります。そこで，長い主語の代わりに形式的に it を主語にして，「〜すること」のカタマリを文末に置くことができます。この it を**形式主語**と呼びます。日本語にするときは，この it を「それ」とは訳さないので注意しましょう。このようにしてでき上がった文を**形式主語構文**と呼びます。また，「__ にとって〜すること」の「__ にとって」は for __ で表します。

To study English is important for me. (私にとって英語を学ぶことは重要です)
不定詞の名詞的用法

It is important for me **to study English**. (私にとって英語を学ぶことは重要です)
形式主語

1 次の英文の(　　)内の正しいほうを選び，◯で囲みなさい。　(5点×5 = 25点)

□ (1) 英語を勉強することは重要です。
It is important (study / to study) English.

□ (2) 本を読むことは必要です。
It is necessary (to read / read) books.

□ (3) あなたにとって運動することはよいことです。
It is good (for you / your) to exercise.

□ (4) 私たちにとってギターを演奏することはおもしろいです。
It is interesting (us / for us) to play the guitar.

□ (5) 私にとってその宿題をすることは簡単ではありません。
It is not easy (for me to do / to me for do) the homework.

It から始めて，全文を書きかえなさい。 (7点×5＝35点)

☐ (1) 歴史を勉強することは重要です。
To study history is important.

_____

☐ (2) 彼女の話を聞くことは必要です。
To listen to her is necessary. necessary「必要な」

_____

☐ (3) あなたたちにとってその本を読むことは重要です。
To read the book is important for you.

_____

☐ (4) 私にとってこの問題を解くことは難しいです。
To solve this question is difficult for me. solve「～を解く」

_____

☐ (5) 私たちにとってその宿題をすることは簡単ではありません。
To do the homework is not easy for us.

_____

Q3 形式主語構文を用いて，次の日本文を英語に直しなさい。 (8点×5＝40点)

☐ (1) 英語を話すことはおもしろいです。

_____

☐ (2) 彼の話を聞くことは重要です。

_____

☐ (3) 私たちにとってピアノを弾く（ひく）ことは難しいです。

_____

☐ (4) お年寄り（elderly people）に親切にすることはよいことです。

_____

☐ (5) 外国語（a foreign language）を習得する（learn）ことは私たちにとって簡単で
はありません。

_____

不定詞　副詞的用法 ①（目的）

2037

ここでは，不定詞の用法の2つめの**副詞的用法**を学習しましょう。副詞的用法の不定詞は「**〜するために**」という「目的」の意味を表し，副詞と同じ働きをして動詞を修飾します。

主語　動詞　　　　　　　　　　　　to ＋動詞の原形「借りるために」
I went to the library to borrow some books.
　　　　　　　　　　　　　　　　（私は本を何冊か借りるために図書館へ行きました）
　　　　　　動詞を修飾

 1 次の英文の（　　）内の正しいほうを選び，◯で囲みなさい。 （5点×5 ＝ 25点）

☐ (1) 私はあなたに会うためにそこに行きます。
I will go there (to see / see) you.

☐ (2) 私は英語を勉強するためにここに来ました。
I came here (studied / to study) English.

☐ (3) 私たちはサッカーをするために公園に行きました。
We went to the park (play / to play) soccer.

☐ (4) 私は本を読むために毎日図書館に行きます。
I go to the library every day (read / to read) books.

☐ (5) 彼女は京都に行くために早く起きました。
She got up early (went / to go) to Kyoto.

Q2 次の日本文に合うように，(　　)内の語を並べかえなさい。 (7点×5＝35点)

□ (1) 彼はフランスに行くためにフランス語を勉強しました。
He studied French (France / to / to / go).

He studied French _____.

□ (2) マキは友だちに会うために毎年北海道へ行きます。
Maki goes to Hokkaido every year (her / see / to / friend).

Maki goes to Hokkaido every year _____.

□ (3) 私の弟はテストに合格するために英語を勉強しました。
My brother studied English (the / test / to / pass).　　pass「〜に合格する」

My brother studied English _____.

□ (4) 私たちは野球をするために，今日の午後公園に行きます。
We will go to the park (baseball / to / play) this afternoon.

We will go to the park _____ this afternoon.

□ (5) 私たちは生きるために食べます。
We (live / eat / to).

We _____.

Q3 次の日本文を英語に直しなさい。 (8点×5＝40点)

□ (1) 私は英語を勉強するために図書館へ行きました。

_____

□ (2) 彼女は友だちに会うためにドイツ（Germany）へ行きました。

_____

□ (3) タクはサッカーをするためにそこへ行くつもりです。

_____

□ (4) 彼は長野へ行くために早く起きました。

_____

□ (5) 私たちはテストに合格するために勉強しました。

_____

不定詞　副詞的用法 ②（感情の原因）

2038

> 副詞的用法の不定詞は，「～するために」という意味で使うほか，**感情の原因**を表すときにも使うことができます。ここでのポイントは，happy「うれしい」や sad「悲しい」，surprised「驚いて」など，人の感情を表す形容詞の後ろに〈to＋動詞の原形〉が続くことです。「～して」という意味になります。
>
> **I was happy to hear the news.**（私はそのニュースを聞いてうれしかったです）
> 　感情を表す形容詞　to＋動詞の原形

Q1 次の英文の（　　）内の正しいほうを選び，◯で囲みなさい。　　（5点×5＝25点）

☐ (1) 私はそのニュースを聞いてうれしいです。
I am glad (to hear / hear) the news.

☐ (2) 私はあなたに会えてうれしいです。
I am glad (see / to see) you.

☐ (3) 私はあなたといっしょに勉強できてうれしいです。
I am happy (to study / study) with you.

☐ (4) 私はそのニュースを聞いて悲しかったです。
I was sad (to hear / heard) the news.

☐ (5) 私はそれを知って驚きました。
I was surprised (to know / knew) that.

Q2 次の日本文に合うように，（　　）内の語を並べかえなさい。 （7点×5＝35点）

☐ (1) 私はそれを聞いてうれしいです。
I am glad (that / to / hear).

I am glad _____ .

☐ (2) 私たちはここに来ることができてわくわくしています。
We are excited (to / here / come).

We are excited _____ .

☐ (3) 私はあなたにまた会えてとてもうれしいです。
I am very happy (to / you / see / again).

I am very happy _____ .

☐ (4) 私たちはその事実を知って悲しいです。
We are sad (the / know / to / fact).　　　　　　　　　　　　fact「事実」

We are sad _____ .

☐ (5) 私はそのうわさを聞いて驚きました。
I was surprised (hear / to / rumor / the).　　　　　　　　rumor「うわさ」

I was surprised _____ .

Q3 次の日本文を英語に直しなさい。 （8点×5＝40点）

☐ (1) 私たちはここに来ることができてうれしいです。

_____

☐ (2) 私たちはあなたに会えてうれしいです。

_____

☐ (3) アンとジャック (Ann and Jack) は，そのニュースを聞いてわくわくしています。

_____

☐ (4) 私たちはそれを知って，とても悲しかったです。

_____

☐ (5) 私はその事実を聞いて驚きました。

_____

不定詞　形容詞的用法

2039

不定詞の 3 つの用法のうち，最後に紹介する用法が**形容詞的用法**です。〈to ＋動詞の原形〉が「**〜するための，〜すべき**」という意味を表し，名詞や代名詞を説明する働きをします。この用法の不定詞は，**修飾する語句のすぐあとに置きます**。

I have a lot of books to read. （私には読むべき本がたくさんあります）

　　　　　　　　名詞　　　　　to ＋動詞の原形

read with glasses「めがねを使って読書する」のように，動詞と（代）名詞の間に前置詞が必要な場合，不定詞のあとにも前置詞がついて，〈(代)名詞＋ to ＋動詞の原形＋前置詞〉の形になります。

My father needs glasses to read with. （父は読書するためのめがねが必要です）

Q 1 次の英文の（　　　）内の正しいほうを選び，◯で囲みなさい。　　　（5点×5 = 25点）

☐ (1) 私は飲むためのもの［飲みもの］を必要としています。
　　　I need something (to drink / drink).

☐ (2) 私は食べるためのもの［食べもの］がほしかったです。
　　　I wanted something (eat / to eat).

☐ (3) 私は電車で読むための本を持っています。
　　　I have a book (to read / read) on the train.

☐ (4) 私は勉強するための時間がありませんでした。
　　　I had no time (studies / to study / studied).

☐ (5) 私は両親といっしょに住むための新しい家がほしいです。
　　　I want a new house (to live / live / to live in) with my parents.

Q2 次の日本文に合うように，（　　）内の語句を並べかえなさい。　(7点×5＝35点)

□ (1) 私は今日，すべきことがたくさんあります。
I have (things / to / do / a lot of) today.

I have _____ today.

□ (2) 彼は昨日，すべきことが何もありませんでした。
He had (do / to / nothing) yesterday.　　　　nothing「何も〜ない」

He had _____ yesterday.

□ (3) 私たちは新しい家を買うための十分なお金を持っていません。
We don't have (new house / buy / enough money / to / a).

We don't have _____.

□ (4) 私はいっしょに遊ぶためのペットがほしいです。
I want a pet (to / with / play).

I want a pet _____.

□ (5) 私はいっしょに話すための多くの友だちがほしかったです。
I wanted a lot of friends (talk / to / with).

I wanted a lot of friends _____.

Q3 次の日本文を英語に直しなさい。　(8点×5＝40点)

□ (1) 彼女は飲むためのもの[飲みもの]をほしがっています。

_____

□ (2) 私は昨日，何もすることがありませんでした。

_____

□ (3) 彼は新車を買うための十分なお金を持っていませんでした。

_____

□ (4) 彼女はいっしょに遊ぶ友だちをほしがっています。

_____

□ (5) 彼らには勉強する時間がありませんでした。

_____

学習日 ◯ 月 ◯ 日　制限時間 **30** 分　答え→別冊 p.13 　　　/ 100点

動名詞 ① （主語と補語）

2040

動詞の ing 形が「**〜すること**」という意味を表し，名詞と同じ働きをするものを**動名詞**といいます。名詞と同じ働きをするので，不定詞の名詞的用法と同じく，主語や補語，そして目的語になります。ここでは，主語や補語になる動名詞を練習しましょう。

Getting up early is good for our health.

(早く起きることは私たちの健康によいです)

= **To get** up early is good for our health.

(早く起きることは私たちの健康によいです)

My hobby is **playing** tennis. (私の趣味はテニスをすることです)

= My hobby is **to play** tennis. (私の趣味はテニスをすることです)

Q1 　2つの英文がほぼ同じ意味を表すように，（　　）に適当な1語を入れなさい。

(5点×5 = 25点)

☐ (1) 英語を話すことは難しいです。

To speak English is difficult. = (　　　　　　) English is difficult.

☐ (2) 本を読むことはおもしろいです。

To read a book is interesting. = (　　　　　　) a book is interesting.

☐ (3) 野球をすることはとても楽しいです。

To play baseball is a lot of fun. = (　　　　　　) baseball is a lot of fun.

☐ (4) 私の趣味は切手を集めることでした。

My hobby was to collect stamps. = My hobby was (　　　　　　) stamps.

☐ (5) 彼女の趣味は音楽を聞くことです。

Her hobby is to listen to music. = Her hobby is (　　　　　　) to music.

Q2 次の日本文に合うように，（　　）内の語を並べかえなさい。　　　(7点×5＝35点)

□ (1) 毎朝歩くことは私の健康によいです。
(every / walking / morning) is good for my health.

＿＿＿＿＿＿＿＿＿＿＿＿＿＿＿＿＿＿＿＿＿＿ is good for my health.

□ (2) 海外を旅行することはわくわくします。
(abroad / traveling) is exciting.

＿＿＿＿＿＿＿＿＿＿＿＿＿＿＿＿＿＿＿＿＿＿＿ is exciting.

□ (3) 英語を話すことはとてもおもしろいです。
(English / speaking) is very interesting.

＿＿＿＿＿＿＿＿＿＿＿＿＿＿＿＿＿＿＿＿＿ is very interesting.

□ (4) お金を貯めることはとても大切です。
(money / saving) is very important.　　　save「(お金)を貯める」

＿＿＿＿＿＿＿＿＿＿＿＿＿＿＿＿＿＿＿＿＿ is very important.

□ (5) マイクの趣味は音楽を聞くことでした。
Mike's hobby was (to / listening / music).

Mike's hobby was ＿＿＿＿＿＿＿＿＿＿＿＿＿＿＿＿＿＿＿＿＿.

Q3 動名詞を用いて，次の日本文を英語に直しなさい。　　　(8点×5＝40点)

□ (1) 本を読むことはとても大切です。

＿＿＿＿＿＿＿＿＿＿＿＿＿＿＿＿＿＿＿＿＿＿＿＿＿＿＿＿＿＿

□ (2) 彼の趣味は海外を旅行することです。

＿＿＿＿＿＿＿＿＿＿＿＿＿＿＿＿＿＿＿＿＿＿＿＿＿＿＿＿＿＿

□ (3) 音楽を聞くことはとても楽しかったです。(fun を使って)

＿＿＿＿＿＿＿＿＿＿＿＿＿＿＿＿＿＿＿＿＿＿＿＿＿＿＿＿＿＿

□ (4) 野球をすることはわくわくします。(exciting を使って)

＿＿＿＿＿＿＿＿＿＿＿＿＿＿＿＿＿＿＿＿＿＿＿＿＿＿＿＿＿＿

□ (5) 切手を集めることはおもしろいです。(interesting を使って)

＿＿＿＿＿＿＿＿＿＿＿＿＿＿＿＿＿＿＿＿＿＿＿＿＿＿＿＿＿＿

動名詞 ②（目的語 ①）

2041

動名詞〈動詞の ing 形〉には，動詞のあとに続いてその**目的語**になり，「〜すること」の意味を表す用法もあります。

　　　　主語　　　　動詞　　　　　　目的語
　　My mother likes playing volleyball.
　　　　　　　　　　　　動名詞　　　　　　　（私の母はバレーボールをすることが好きです）

Q1　2つの英文がほぼ同じ意味を表すように，（　　）に適当な1語を入れなさい。

（5点×5＝25点）

☐ (1) 私はギターを弾くことが好きです。

I like to play the guitar. ＝ I like (　　　　　) the guitar.

☐ (2) 私の妹はテレビを見ることが好きです。

My sister likes to watch TV. ＝ My sister likes (　　　　　) TV.

☐ (3) 彼らはケーキを作ることが好きです。

They like to make a cake. ＝ They like (　　　　　) a cake.

☐ (4) 私は英語を勉強し始めました。

I started to study English. ＝ I started (　　　　　) English.

☐ (5) トニーは手紙を書き始めました。

Tony began to write a letter. ＝ Tony began (　　　　　) a letter.

Q2 次の日本文に合うように，（　　）内の語を並べかえなさい。 (7点×5＝35点)

□ (1) 彼女はバレーボールをすることが好きです。
She (volleyball / playing / likes).

She _____.

□ (2) 私の姉はピアノを弾くことが好きです。
My sister (likes / the / piano / playing).

My sister _____.

□ (3) 私の母はケーキを作ることが好きです。
My mother (making / cakes / likes).

My mother _____.

□ (4) 私の兄たちは先月，英語を勉強し始めました。
My brothers (started / English / studying) last month.

My brothers _____ last month.

□ (5) 雨が降り始めました。
(began / raining / it).

_____.

Q3 動名詞を用いて，次の日本文を英語に直しなさい。 (8点×5＝40点)

□ (1) ジョン（John）はギターを弾くことが好きです。

_____

□ (2) 私の兄は旅行をすることが好きです。

_____

□ (3) 私の父は英語を勉強することが好きでした。

_____

□ (4) ステラ（Stella）は1本の映画を見始めました。

_____

□ (5) 雪が降り始めました。

_____

動名詞 ③（目的語 ②）

不定詞の名詞的用法と動名詞は，どちらも動詞の目的語として使うことができますが，どちらを目的語にするかが決まっている動詞もあります。

▶ **動名詞だけを目的語にする動詞**

　　enjoy「〜をして楽しむ」，finish「〜し終える」，stop「〜するのをやめる」など

　　　　Mary <u>enjoyed</u> playing golf.　（メアリーはゴルフをして楽しみました）
　　　　　　　　　　　　動名詞

　　　　(×) Mary enjoyed *to play* golf.

▶ **不定詞だけを目的語にする動詞**

　　want「〜をしたい」，hope「〜を望む」，decide「〜を決める」など

▶ **どちらも目的語になる動詞**

　　like「〜が好きである」，begin / start「始める」など

　　　　I <u>like</u> singing [= to sing] songs.　（私は歌を歌うことが好きです）
　　　　　　　　動名詞　　　　to ＋動詞の原形

Q1 次の英文の（　　）内の正しいほうを選び，◯で囲みなさい。　　（5点×5 ＝ 25点）

☐ (1) 私はテニスをして楽しみます。
　　I enjoy (to play / playing) tennis.

☐ (2) 彼女はテレビを見て楽しみました。
　　She enjoyed (watching / to watch) TV.

☐ (3) 私たちはあと 1 時間でその本を読み終えます。
　　We will finish (reading / to read) the book in an hour.

☐ (4) 私の娘は宿題をし終えました。
　　My daughter finished (to do / doing / to doing) her homework.

☐ (5) 私のおばはテレビを見るのをやめました。
　　My aunt stopped (watching / to watch / to watching) TV.

次の日本文に合うように，（　　　）内の語句を並べかえなさい。　　　(7点×5＝35点)

☐ (1) 彼女はコーヒーを飲むのをやめました。
She (drinking / stopped / coffee).

She ＿＿＿＿＿＿＿＿＿＿＿＿＿＿＿＿＿＿＿＿＿＿＿＿＿＿ .

☐ (2) 彼は海外を旅行して楽しみました。
He (abroad / enjoyed / traveling).

He ＿＿＿＿＿＿＿＿＿＿＿＿＿＿＿＿＿＿＿＿＿＿＿＿＿＿ .

☐ (3) マイクは手紙を書き終えました。
Mike (a / finished / writing / letter).

Mike ＿＿＿＿＿＿＿＿＿＿＿＿＿＿＿＿＿＿＿＿＿＿＿＿ .

☐ (4) 私の父はもう少しで新聞を読み終えます。
My father (reading / will / newspaper / finish / the) soon.

My father ＿＿＿＿＿＿＿＿＿＿＿＿＿＿＿＿＿＿＿＿ soon.

☐ (5) ケイトはたくさんの人と話して楽しみます。
Kate (enjoys / people / a lot of / with / talking).

Kate ＿＿＿＿＿＿＿＿＿＿＿＿＿＿＿＿＿＿＿＿＿＿＿＿ .

動名詞を用いて，次の日本文を英語に直しなさい。　　　(8点×5＝40点)

☐ (1) 私の父はテニスをして楽しみます。

＿＿＿＿＿＿＿＿＿＿＿＿＿＿＿＿＿＿＿＿＿＿＿＿＿＿＿＿＿

☐ (2) ジャック (Jack) はあと5分で (in five minutes) 宿題をし終えます。

＿＿＿＿＿＿＿＿＿＿＿＿＿＿＿＿＿＿＿＿＿＿＿＿＿＿＿＿＿

☐ (3) 彼女はテレビを見るのをやめました。

＿＿＿＿＿＿＿＿＿＿＿＿＿＿＿＿＿＿＿＿＿＿＿＿＿＿＿＿＿

☐ (4) メアリー (Mary) はそのアイスクリーム (ice cream) を食べるのをやめました。

＿＿＿＿＿＿＿＿＿＿＿＿＿＿＿＿＿＿＿＿＿＿＿＿＿＿＿＿＿

☐ (5) 彼はその本を読み終えました。

＿＿＿＿＿＿＿＿＿＿＿＿＿＿＿＿＿＿＿＿＿＿＿＿＿＿＿＿＿

出題範囲 ▶ セクション31〜40

1 下線部の不定詞と同じ働きを持つ不定詞を含む文をア〜エから選び，記号で答えなさい。　　　　　　　　　　　　　　　　　　　　　　　　（3点×4＝12点）

☐ (1) I came home early to watch the soccer game on TV.　　　（　　）

☐ (2) I'm very happy to see you here.　　　（　　）

☐ (3) I have a lot of homework to do.　　　（　　）

☐ (4) Do you like to play soccer?　　　（　　）

ア　I went to the library to read the book.

イ　I want to be a baseball player.

ウ　I was excited to see the actor.

エ　I want something to drink.

2 各組の2文がほぼ同じ意味を表すように，（　　）に適当な1語を入れなさい。　　　　　　　　　　　　　　　　　　　　　　　　　　　　（5点×5＝25点）

☐ (1) I like to listen to music.
I like (　　　　　　　) to music.

☐ (2) To play baseball is fun for me.
(　　　　　　　) is fun for me (　　　　　　　) (　　　　　　　) baseball.

☐ (3) I am very busy today.
I have a lot of things (　　　　　　　) (　　　　　　　) today.

☐ (4) My brother's hobby is playing golf.
My brother's hobby is (　　　　　　　) (　　　　　　　) golf.

☐ (5) The girl had no food.
The girl had (　　　　　　　) (　　　　　　　) eat.

3 [　　]の語を適当な形にして，（　　）に入れなさい。ただし1語とは限りません。　　　　　　　　　　　　　　　　　　　　　　　　　（4点×7＝28点）

☐ (1) My father likes (　　　　　　　) stars. [watch]

☐ (2) We finished (　　　　　　　) breakfast at seven in the morning. [eat]

☐ (3) (　　　　　　　) up early in the morning is not easy. [get]

□ (4) We were surprised (　　　　　　) the big dog.　[see]

□ (5) What do you want (　　　　　　)?　[eat]

□ (6) I enjoy (　　　　　　) to music.　[listen]

□ (7) I hoped (　　　　　　) a nurse in the future.　[be]

4　次の日本文に合うように，（　　）内の語句を並べかえなさい。　(5点×5=25点)

□ (1) 今日は読まなければならないメールがたくさんあります。
I (have / read / a lot of / e-mails / to) today.

I _____ today.

□ (2) この通りで遊ぶことは危険です。
(this / on / to / it / is / play / dangerous / street).

_____ .

□ (3) なぜアメリカに行きたいのですか。― 英語を学ぶためです。
Why do you (to / to / want / go / America)? ― (English / to / study).

Why do you _____? ― _____ .

□ (4) カナコは美しい夕焼けを見て，とてもうれしかったです。
Kanako was (to / the / sunset / happy / see / very / beautiful).

Kanako was _____ .

□ (5) 早起きをすることは健康によいです。
(early / getting / is / good / up) for your health.

_____ for your health.

5　（　　）内の指示に従って，次の日本文を英語に直しなさい。ピリオドやクエスチョンマークは語数に含めません。　(5点×2=10点)

□ (1) 英語を勉強することは，私たちにとってとても重要です。（9語で）

_____

□ (2) 私はおじに会うために，駅へ歩いて向かっています。（10語で）

_____

学習日 ◯ 月 ◯ 日　⏱ 制限時間 **30** 分　答え→別冊 p.15 _____ / 100点

2044

比較①（原級①）

2つのものや人を比べて，それらの性質や状態が同じ程度であることを表すときに，**A ... as ～ as B.**「**A は B と同じくらい～です**」を使います。「～」の部分には形容詞や副詞の原級（もとの形）が入ります。

Tom is　as tall as　Bob.（トムはボブと同じくらいの身長です）
A　　as + 形容詞［副詞］+ as　　B

Q1 次の英文に（　　）内の語句を加えて，日本文の意味を表す文を完成しなさい。

（5点×5＝25点）

□ (1) 彼は彼女と同じくらいの年齢です。
　　He is old. (as she)

　　_____

□ (2) 彼は私の妹と同じくらいの身長でした。
　　He was tall. (as my sister)

　　_____

□ (3) メアリーはトムと同じくらい忙しかったです。
　　Mary was busy. (as Tom)

　　_____

□ (4) あのかばんはこのかばんと同じくらい大きいです。
　　That bag is big. (as this one)

　　_____

□ (5) 彼はアヤと同じくらい速く英語を話します。
　　He speaks English fast. (as Aya)

　　_____

Q2 次の日本文に合うように，（　　）内の語を並べかえなさい。　(7点×5＝35点)

□ (1) あのペンはこのペンと同じくらいの長さです。
(as / is / pen / that / long / as) this one.

_____ this one.

□ (2) この花はあの花と同じくらい美しいです。
(this / as / as / flower / beautiful / is) that one.

_____ that one.

□ (3) この質問はあの質問と同じくらい難しいです。
(difficult / question / as / as / is / this) that one.

_____ that one.

□ (4) ジムはマキと同じくらい速く走ることができました。
(as / could / run / Jim / fast / as) Maki.

_____ Maki.

□ (5) 彼女はあなたと同じくらい速く歩きます。
(as / walks / she / fast / as) you.

_____ you.

Q3 （　　）内の語を用いて，日本文の意味を表す英文を完成しなさい。

(8点×5＝40点)

□ (1) メアリー（Mary）はトムと同じくらいの年齢です。(old)

_____ Tom.

□ (2) この本はあの本と同じくらいおもしろかったです。(interesting)

_____ that one.

□ (3) ケビン（Kevin）は私の兄と同じくらい賢いです。(smart)

_____ my brother.

□ (4) 彼女は私の母と同じくらい上手に英語を話します。(well)

_____

□ (5) 私はジョン（John）と同じくらい速く走ることができました。(fast)

_____

比較②（原級②）

A ... as ～ as B. 「A は B と同じくらい～です」という表現の否定文は，**A ... not as ～ as B.** という形で，「**A は B ほど～ではありません**」という意味になります。1 つめの as の代わりに so を使うこともあります。

　　　This ball is 　　as big as 　my ball.

（このボールは私のボールと同じくらい大きいです）

　　　This ball is not as [so] big as my ball.
　　　　　A　　　　　　not as [so] ～ as　　　　　B

（このボールは私のボールほど大きくありません）

Q1 次の英文を，日本文の意味に合うように書きかえなさい。　　（5点×5 = 25点）

☐ (1) 彼はケイトほど若くありません。
He is as young as Kate.

_____

☐ (2) 彼はジョンほど背が高くありませんでした。
He was as tall as John.

_____

☐ (3) これらの質問はあれらの質問ほど難しくありません。
These questions are as difficult as those ones.

_____

☐ (4) トムはアンほど速く日本語を話すことができませんでした。
Tom could speak Japanese as fast as Ann.

_____

☐ (5) 彼女はあなたほどゆっくり歩きません。
She walks as slowly as you.

_____

Q2 次の日本文に合うように，（　　　）内の語を並べかえなさい。　　　(7点×5＝35点)

□ (1) このかばんはマキのかばんほど大きくありません。
This bag (big / not / is / as / as) Maki's.

This bag ＿＿＿＿＿＿＿＿＿＿＿＿＿＿＿＿＿＿＿＿ Maki's.

□ (2) このペンはあのペンほど長くありません。
(as / pen / not / is / long / as / this) that one.

＿＿＿＿＿＿＿＿＿＿＿＿＿＿＿＿＿＿＿＿＿ that one.

□ (3) この花はあの花ほど美しくありません。
(this / so / beautiful / flower / isn't / as) that one.

＿＿＿＿＿＿＿＿＿＿＿＿＿＿＿＿＿＿＿＿＿ that one.

□ (4) メアリーはトムほど忙しくありませんでした。
Mary (as / was / as / not / busy) Tom.

Mary ＿＿＿＿＿＿＿＿＿＿＿＿＿＿＿＿＿＿＿＿＿ Tom.

□ (5) 私はあなたほど一生懸命練習しませんでした。
(practice / didn't / I / hard / so / as) you.

＿＿＿＿＿＿＿＿＿＿＿＿＿＿＿＿＿＿＿＿＿ you.

Q3 （　　　）内の語を用いて，日本文の意味を表す英文を完成しなさい。

(8点×5＝40点)

□ (1) 私はジャック（Jack）ほど忙しくありませんでした。(busy)

I ＿＿＿＿＿＿＿＿＿＿＿＿＿＿＿＿＿＿＿＿＿＿＿.

□ (2) これらの質問はあれらの質問ほどやさしくありません。(easy)

These questions ＿＿＿＿＿＿＿＿＿＿＿＿＿＿＿ those ones.

□ (3) この本はあの本ほど重くありません。(heavy)

＿＿＿＿＿＿＿＿＿＿＿＿＿＿＿＿＿＿＿＿＿ that one.

□ (4) 私はジェーンほど速く走ることができませんでした。(fast)

＿＿＿＿＿＿＿＿＿＿＿＿＿＿＿＿＿＿＿＿＿ Jane.

□ (5) 彼女は私のおじほどの年齢ではありません。(old)

＿＿＿＿＿＿＿＿＿＿＿＿＿＿＿＿＿＿＿＿＿ my uncle.

比較③（比較級①）

2046

2つのものや人の性質・状態を比べて，「A は B より〜です」を表すには，A ...-er than B. の形を使います。形容詞や副詞に -er のついた形を**比較級**といいます。基本は原級の語尾に er をつけて作りますが，下の表の②〜④の場合には注意が必要です。

Jill is shorter than Ann.　（ジルはアンよりも背が低いです）
　　A　　　　　-er than　　　B

① ふつうは -er	hard	**hard**er
② 発音しない e で終わる語は -r	nice	**nice**r
③〈子音字＋y〉で終わる語は，y を i に変えて -er	busy	**bus**ier
④〈短母音＋子音字〉で終わる語は，子音字を重ねて -er	big	**big**ger

Q1 次の英文に（　　）内の語句を加えて，日本文の意味を表す文を完成しなさい。語は適当な形に変化させること。
(5点×5 = 25点)

□ (1) ジャックはマイよりも若いです。Jack is young. (than Mai)

_____

□ (2) メアリーはトムよりも忙^{いそが}しかったです。Mary was busy. (than Tom)

_____

□ (3) トムはマイクよりも幸せでした。Tom was happy. (than Mike)

_____

□ (4) あのかばんはこのかばんよりも大きいです。
That bag is big. (than this one)

_____

□ (5) 北海道は長野よりも広いです。
Hokkaido is large. (than Nagano)

_____

次の日本文に合うように，（　　　）内の語を並べかえなさい。　(7点×5＝35点)

□ (1) この本はあの本よりも重いです。
This book (than / heavier / is) that one.

This book _____ that one.

□ (2) 昨日は今日よりも暑かったです。
Yesterday (than / today / hotter / was).

Yesterday _____ .

□ (3) マイクは彼の兄よりも背が高いです。
(is / taller / Mike / than) his brother.

_____ his brother.

□ (4) この人形は私の人形よりもかわいいです。
(doll / is / prettier / this / than) my doll.

_____ my doll.

□ (5) 私は私の姉よりも早く起きました。
(got / earlier / than / I / up) my sister.

_____ my sister.

Q3

（　　　）内の語を用いて，日本文の意味を表す英文を完成しなさい。（　　　）内の語は適当な形に変化させること。　(8点×5＝40点)

□ (1) 私はジムよりも忙しいです。(busy)

_____ Jim.

□ (2) 昨日は今日よりも寒かったです。(cold)

_____ today.

□ (3) 彼女は彼女の父よりも早く起きます。(early)

_____ her father.

□ (4) このオレンジはあれよりも甘いです。(sweet)

_____ that one.

□ (5) あの少年は私の兄より背が高かったです。(tall)

_____ my brother.

2047

比較④（比較級②）

比較級は形容詞や副詞の終わりに -er をつけて作りますが，音節が 2 つの語の大部分と 3 音節以上の語，-ly で終わる副詞（early は例外）は，-er をつける代わりに，原級の前に **more** をつけて〈**more＋形容詞[副詞]**〉にします。

This picture is more beautiful than that one.
more　＋　形容詞　　　　　　　　　（この絵はあの絵よりも美しいです）

2 音節の語の大部分・3 音節以上の語	beautiful	more beautiful
-ly で終わる副詞	slowly	more slowly

Q1 次の英文に（　　）内の語句を加えて，日本文の意味を表す文を完成しなさい。語は適当な形に変化させること。

(5点×5＝25点)

☐ (1) この花はあの花よりも美しいです。
This flower is beautiful. (than that one)

＿＿＿＿＿＿＿＿＿＿＿＿＿＿＿＿＿＿＿＿＿＿＿＿＿＿＿＿＿＿＿

☐ (2) この質問はあの質問よりも難しいです。
This question is difficult. (than that one)

＿＿＿＿＿＿＿＿＿＿＿＿＿＿＿＿＿＿＿＿＿＿＿＿＿＿＿＿＿＿＿

☐ (3) この辞書は私のものよりも役に立ちました。
This dictionary was useful. (than mine)

＿＿＿＿＿＿＿＿＿＿＿＿＿＿＿＿＿＿＿＿＿＿＿＿＿＿＿＿＿＿＿

☐ (4) トムはケイトよりもゆっくり英語を話しました。
Tom spoke English slowly. (than Kate)

＿＿＿＿＿＿＿＿＿＿＿＿＿＿＿＿＿＿＿＿＿＿＿＿＿＿＿＿＿＿＿

☐ (5) ジェーンはあなたよりもすばやく歩きました。
Jane walked quickly. (than you)

＿＿＿＿＿＿＿＿＿＿＿＿＿＿＿＿＿＿＿＿＿＿＿＿＿＿＿＿＿＿＿

次の日本文に合うように，（　　）内の語を並べかえなさい。 (7点×5＝35点)

□ (1) このバナナはあのバナナよりもおいしいです。

This banana (more / is / than / delicious) that one.

This banana ＿＿＿＿＿＿＿＿＿＿＿＿＿＿＿＿＿＿＿＿ that one.

□ (2) この歌はあの歌よりも有名でした。

This song (than / famous / more / was) that one.

This song ＿＿＿＿＿＿＿＿＿＿＿＿＿＿＿＿＿＿＿＿ that one.

□ (3) この歌手はあの歌手よりも人気がありました。

This singer (was / than / popular / more) that singer.

This singer ＿＿＿＿＿＿＿＿＿＿＿＿＿＿＿＿＿＿＿ that singer.

□ (4) 私の祖母は私の祖父よりもゆっくり歩きました。

My grandmother (slowly / more / walked / than) my grandfather.

My grandmother ＿＿＿＿＿＿＿＿＿＿＿＿＿＿＿＿ my grandfather.

□ (5) 彼はリョウタよりもすばやく宿題を終えることができます。

He can finish the homework (than / Ryota / quickly / more).

He can finish the homework ＿＿＿＿＿＿＿＿＿＿＿＿＿＿＿.

Q3　（　　）内の語を用いて，日本文の意味を表す英文を完成しなさい。

(8点×5＝40点)

□ (1) この本は彼のものよりもおもしろいです。(interesting)

＿＿＿＿＿＿＿＿＿＿＿＿＿＿＿＿＿＿＿＿＿＿＿＿ his.

□ (2) この歌手はあの歌手よりも有名です。(famous)

＿＿＿＿＿＿＿＿＿＿＿＿＿＿＿＿＿＿＿＿＿ that singer.

□ (3) この問題はあの問題よりも難しかったです。(difficult)

＿＿＿＿＿＿＿＿＿＿＿＿＿＿＿＿＿＿＿＿＿＿ that one.

□ (4) メアリー（Mary）はジムよりもゆっくり歩きます。(slowly)

＿＿＿＿＿＿＿＿＿＿＿＿＿＿＿＿＿＿＿＿＿＿＿＿ Jim.

□ (5) 彼はジョン（John）よりもすばやく部屋の掃除をしました。(quickly)

＿＿＿＿＿＿＿＿＿＿＿＿＿＿＿＿＿＿＿＿＿＿＿ John.

比較⑤（比較級③）

2048

比較級の中には，原級の語尾に -er をつけるものや more をつけるもののほかに，不規則に変化するものがあります。ここでは good「よい」/ well「よく，健康な」は **better** に，bad「悪い」は **worse** になることを覚えましょう。

John's novel is as good as some famous novels.

原級 good　（ジョンの小説はいくつかの有名な小説と同じくらいよいです）

John's novel is better than some famous novels.

比較級 better　　（ジョンの小説はいくつかの有名な小説よりもよいです）

Q1 次の英文に（　　）内の語句を加えて，日本文の意味を表す文を完成しなさい。語は適当な形に変化させること。

(5点×5 = 25点)

☐ (1) この歌はあの歌よりもよいです。
This song is good. (than that one)

_____

☐ (2) これらの本はあれらの本よりもよかったです。
These books were good. (those ones)

_____

☐ (3) トムは彼のお兄さんよりもうまく野球をすることができます。
Tom can play baseball well. (than his brother)

_____

☐ (4) 彼の成績は私の成績より悪かったです。
His grade was bad. (than mine)　　　　　　　　　grade「成績」

_____

☐ (5) 今日の天気は昨日よりも悪いです。
Today's weather is bad. (than yesterday's)

_____

Q2 次の日本文に合うように，（　　）内の語句を並べかえなさい。　(7点×5＝35点)

□ (1) 彼のコンピューターは私のものよりよかったです。
His computer (was / better / mine / than).

His computer _____.

□ (2) この辞書はあの辞書よりもよいです。
This dictionary (than / that / is / better) one.

This dictionary _____ one.

□ (3) ボブはジルよりも上手にピアノを弾くことができました。
Bob could (than / the piano / Jill / better / play).

Bob could _____.

□ (4) 彼の点数はあなたの点数よりも悪かったです。
His score (worse / was / than / yours).　　　　　　score「点数」

His score _____.

□ (5) その知らせはあの知らせよりも悪いです。
(news / is / the / than / worse) that one.

_____ that one.

Q3 （　　）内の語を用いて，日本文の意味を表す英文を完成しなさい。語は適当な形に変化させること。　(8点×5＝40点)

□ (1) 私のコンピューターはあなたのものよりもよいです。(good)

_____ yours.

□ (2) この部屋はあの部屋よりもよいです。(good)

This room _____.

□ (3) あなたは私の母よりも上手にギターを弾くことができました。(well)

You could _____.

□ (4) トムはメアリー（Mary）よりも上手に料理をすることができます。(well)

Tom _____.

□ (5) 私の成績はあなたの成績よりも悪かったです。(bad)

My grade _____.

比較⑥（比較級④）

2049

前のセクションでは不規則に変化する good / well，bad の比較級を学習しました。ここでは many「多数の」/ much「多量の」は **more**「より多くの」に，little「少しの，少し」は **less**「より少ない，〜ほど…でない」になることを覚えましょう。

I have as many video games as Tony.

原級 many　　　　（私はトニーと同じくらいたくさんのテレビゲームを持っています）

↓

I have more video games than Tony.

比較級 more　　　　（私はトニーよりもたくさんのテレビゲームを持っています）

Q1 次の英文に（　　）内の語句を加えて，日本文の意味を表す文を完成しなさい。語は適当な形に変化させること。

（5点×5 = 25点）

☐ (1) 私はあなたよりたくさんの本を持っています。
I have many books. (than you)

_____

☐ (2) 彼はジャックよりもたくさんの CD を持っていました。
He had many CDs. (than Jack)

_____

☐ (3) 私の祖父は私の父よりもたくさんのお金を持っています。
My grandfather has much money. (than my father)

_____

☐ (4) 私はあなたよりも日本の歴史についての知識を持っていませんでした。
I had little knowledge about Japanese history. (than you)

_____

☐ (5) 今日は昨日よりも雨が降っていません。
Today we have little rain. (than yesterday)

_____

Q2 次の日本文に合うように，（　　）内の語を並べかえなさい。　　(7点×5＝35点)

□ (1) ジェーンは私の父よりたくさんの本を読みます。
Jane (books / than / reads / more) my father.

Jane ＿＿＿＿＿＿＿＿＿＿＿＿＿＿＿＿＿＿＿＿＿ my father.

□ (2) 私はあなたよりたくさんのお金を使いました。
I spent (more / than / money) you.　　spent「spend（使う）の過去形」

I spent ＿＿＿＿＿＿＿＿＿＿＿＿＿＿＿＿＿＿＿ you.

□ (3) マヤは彼女の妹より多くの歌を歌うことができました。
Maya could (songs / sing / than / more) her sister.

Maya could ＿＿＿＿＿＿＿＿＿＿＿＿＿＿＿＿＿ her sister.

□ (4) 私は私の兄ほどお金を持っていません。
I (money / have / than / less) my brother.

I ＿＿＿＿＿＿＿＿＿＿＿＿＿＿＿＿＿＿＿＿＿ my brother.

□ (5) 2月は6月より雨が降りません。
In February we (rain / less / have / than) in June.

In February we ＿＿＿＿＿＿＿＿＿＿＿＿＿＿＿ in June.

Q3 （　　）内の語を用いて，日本文の意味を表す英文を完成しなさい。語は適当な形に変化させること。　　(8点×5＝40点)

□ (1) 私はアンよりもたくさんの鉛筆を持っています。(many)

＿＿＿＿＿＿＿＿＿＿＿＿＿＿＿＿＿＿＿＿＿＿ Ann.

□ (2) 彼女は私の母よりたくさんのお金をかせぎました。(much)　　earn「（お金）をかせぐ」

She earned ＿＿＿＿＿＿＿＿＿＿＿＿＿＿＿＿＿ my mother.

□ (3) 私はベンよりたくさんの辞書 (dictionary) を持っています。(many)

＿＿＿＿＿＿＿＿＿＿＿＿＿＿＿＿＿＿＿＿＿ than Ben.

□ (4) このジャケットはあのジャケットよりも高く (expensive) ないです。(little)

＿＿＿＿＿＿＿＿＿＿＿＿＿＿＿＿＿＿＿＿＿ that one.

□ (5) 私はメアリーほどたくさんのお金を使いません。(little)

I spend ＿＿＿＿＿＿＿＿＿＿＿＿＿＿＿＿＿＿＿ Mary.

比較⑦（最上級①）

2050

3つ以上のものや人を比べて，「A は〜の中でいちばん…」というときには，〈A ... the -est of[in] 〜〉とします。-est の形を**最上級**といい，the をつけることに注意しましょう。ふつうは形容詞［副詞］の語尾に -est をつけますが，下の表の②〜④の場合には注意が必要です。of は「〜」が「3人の中で」のように複数を表す語句の場合，in は「〜」が場所や範囲を表す語句の場合に使います。

Maya is the tallest of the three.　（マヤは3人の中でいちばん背が高いです）
　A　　　　　　　　the -est of[in] 〜

①ふつうは -est	hard	**hard**est
②発音しない e で終わる語は -st	nice	**nice**st
③〈子音字＋ y〉で終わる語は，y を i に変えて -est	busy	**busi**est
④〈短母音＋子音字〉で終わる語は，子音字を重ねて -est	big	**big**gest

Q1 次の英文に（　　）内の語句を加えて，日本文の意味を表す文を完成しなさい。語は適当な形に変化させること。

（5点×5＝25点）

☐ (1) 彼は私のクラスの中でいちばん背が高いです。He is tall. (in my class)

_____

☐ (2) 彼女の家はこの都市でいちばん大きかったです。Her house was large. (in this city)

_____

☐ (3) ケンは3人の中でいちばん忙しかったです。Ken was busy. (of the three)

_____

☐ (4) これは5つの中でいちばんすてきなかばんです。This is a nice bag. (of the five)

_____

☐ (5) 8月は1年の中で最も暑い月です。August is a hot month. (of the year)

_____

Q2 次の日本文に合うように，（　　　）内の語句を並べかえなさい。　(7点×5＝35点)

□ (1) このかばんはすべての中でいちばん大きいです。
This bag (largest / of / the / all / is).

This bag _____.

□ (2) 信濃川は日本でいちばん長い川です。
The Shinano (river / longest / is / the) in Japan.　　The Shinano 「信濃川」

The Shinano _____ in Japan.

□ (3) 彼女はこのクラスの中でいちばん背が高いです。
She (this / the / is / tallest / class / in).

She _____.

□ (4) 富士山は日本でいちばん高い山です。
Mt. Fuji (is / Japan / in / highest / the / mountain).

Mt. Fuji _____.

□ (5) マイクは家族の中でいちばん早く起きました。
Mike (in / the / earliest / his / family / got up).

Mike _____.

Q3 （　　　）内の語を用いて，日本文の意味を表す英文を完成しなさい。語は適当な形に変化させること。
(8点×5＝40点)

□ (1) 私は5人の中でいちばん背が高いです。(tall)

_____ the five.

□ (2) 私の母は今日，家族の中でいちばん忙しかったです。(busy)

_____ my family today.

□ (3) 私の父は家族の中でいちばん早く起きます。(early)

_____ my family.

□ (4) これはこの動物園の中でいちばん小さい動物です。(small)

_____ this zoo.

□ (5) この箱はすべての中でいちばん大きいです。(big)

_____ all.

2051

比較⑧（最上級②）

音節が 2 つの語の大部分と 3 音節以上の語の場合，-est をつけて最上級にすることはできません。また，-ly で終わる副詞も同様です（early は例外）。これらの語では形容詞［副詞］の原級の前に most をつけて，〈**the most＋形容詞［副詞］**〉の形にします。

This picture is the most beautiful of his works.（この絵は彼の作品の中でいちばん美しいです）
　　　　　　　　the most　＋　形容詞　＋　of[in] ～

2 音節の語の大部分・3 音節以上の単語	beautiful	most beautiful
-ly で終わる副詞	slowly	most slowly

Q1 次の英文に（　　）内の語句を加えて，日本文の意味を表す文を完成しなさい。語は適当な形に変化させること。

（5点×5＝25点）

☐ (1) この小説はすべての中でいちばんおもしろいです。
This novel is interesting. (of all)

＿＿＿＿＿＿＿＿＿＿＿＿＿＿＿＿＿＿＿＿＿＿＿＿＿＿＿＿＿＿＿＿＿＿

☐ (2) これはすべての問題の中でいちばん難しいです。
This is difficult. (of all the questions)

＿＿＿＿＿＿＿＿＿＿＿＿＿＿＿＿＿＿＿＿＿＿＿＿＿＿＿＿＿＿＿＿＿＿

☐ (3) あのコンピューターはこの店でいちばん高いです。
That computer is expensive. (in this store)

＿＿＿＿＿＿＿＿＿＿＿＿＿＿＿＿＿＿＿＿＿＿＿＿＿＿＿＿＿＿＿＿＿＿

☐ (4) 彼はクラスの中でいちばんゆっくり話します。
He speaks slowly. (in the class)

＿＿＿＿＿＿＿＿＿＿＿＿＿＿＿＿＿＿＿＿＿＿＿＿＿＿＿＿＿＿＿＿＿＿

☐ (5) 彼女はすべての学生の中でいちばんすばやくそれを理解しました。
She understood it quickly. (of all the students)

＿＿＿＿＿＿＿＿＿＿＿＿＿＿＿＿＿＿＿＿＿＿＿＿＿＿＿＿＿＿＿＿＿＿

Q2 次の日本文に合うように，（　　　）内の語句を並べかえなさい。　(7点×5＝35点)

☐ (1) この絵はすべての中でいちばん美しいです。
This picture (of / most / beautiful / is / the) all.

This picture ＿＿＿＿＿＿＿＿＿＿＿＿＿＿＿＿＿＿＿＿＿＿＿＿＿ all.

☐ (2) この辞書はすべての中でいちばん役に立ちます。
This dictionary (of / most / the / useful / is) all.

This dictionary ＿＿＿＿＿＿＿＿＿＿＿＿＿＿＿＿＿＿＿＿＿＿＿ all.

☐ (3) このテレビはあの店でいちばん人気がありました。
This TV (was / the / in / popular / most) that store.

This TV ＿＿＿＿＿＿＿＿＿＿＿＿＿＿＿＿＿＿＿＿＿＿＿ that store.

☐ (4) 私の祖母は家族の中でいちばんゆっくり話します。
My grandmother (speaks / in / slowly / most / the) my family.

My grandmother ＿＿＿＿＿＿＿＿＿＿＿＿＿＿＿＿＿＿＿＿ my family.

☐ (5) 彼はクラスの中でいちばんすばやく宿題を終えることができます。
He can finish (in / the / the homework / quickly / most) the class.

He can finish ＿＿＿＿＿＿＿＿＿＿＿＿＿＿＿＿＿＿＿＿ the class.

Q3 （　　　）内の語を用いて，日本文の意味を表す英文を完成しなさい。（　　　）内の語は適当な形に変化させること。　(8点×5＝40点)

☐ (1) この映画はすべての中でいちばんおもしろいです。(interesting)

＿＿＿＿＿＿＿＿＿＿＿＿＿＿＿＿＿＿＿＿＿＿＿＿＿ of all.

☐ (2) この歌手は日本でいちばん人気がありました。(popular)

＿＿＿＿＿＿＿＿＿＿＿＿＿＿＿＿＿＿＿＿＿＿＿＿＿ in Japan.

☐ (3) この辞書はすべての中でいちばん高いです。(expensive)

＿＿＿＿＿＿＿＿＿＿＿＿＿＿＿＿＿＿＿＿＿＿＿＿＿ of all.

☐ (4) 私の祖母は家族の中でいちばんゆっくり歩きます。(slowly)

＿＿＿＿＿＿＿＿＿＿＿＿＿＿＿＿＿＿＿＿＿＿＿ in my family.

☐ (5) ジムは5人の少年の中でいちばんすばやく宿題を終わらせました。(quickly)

Jim finished his homework ＿＿＿＿＿＿＿＿＿＿＿＿＿＿＿＿＿＿.

学習日 ◯ 月 ◯ 日　⏱ 制限時間 **30** 分　答え→別冊 p.17　＿＿＿＿ / 100点

2052

比較⑨（最上級③）

最上級の中には，語尾に -est をつけたり，前に the most をつけたりするのではなく，不規則に変化するものがあります。ここでは good「よい」/ well「よく，健康な」は best に，bad「悪い」は worst になることを覚えましょう。

John's novel is as good as some famous novels.

原級 good　（ジョンの小説はいくつかの有名な小説と同じくらいよいです）

John's novel is the best of all famous novels.

最上級 best　（ジョンの小説はすべての有名な小説の中でいちばんよいです）

Q1 次の英文に（　　）内の語句を加えて，日本文の意味を表す文を完成しなさい。語は適当な形に変化させること。

(5点×5 ＝ 25点)

☐ (1) この歌はすべての中でいちばんよいです。
This song is good. (of all)

＿＿＿＿＿＿＿＿＿＿＿＿＿＿＿＿＿＿＿＿＿＿＿＿＿＿＿＿＿＿

☐ (2) これらはこの店でいちばんよい皿です。
These are good dishes. (in this store)

＿＿＿＿＿＿＿＿＿＿＿＿＿＿＿＿＿＿＿＿＿＿＿＿＿＿＿＿＿＿

☐ (3) デイビッドはその学校の中でいちばん上手に野球をすることができます。
David can play baseball well. (in the school)

＿＿＿＿＿＿＿＿＿＿＿＿＿＿＿＿＿＿＿＿＿＿＿＿＿＿＿＿＿＿

☐ (4) 彼の成績はこのクラスの中でいちばん悪かったです。
His grade was bad. (in this class)

＿＿＿＿＿＿＿＿＿＿＿＿＿＿＿＿＿＿＿＿＿＿＿＿＿＿＿＿＿＿

☐ (5) そのコンピューターはすべてのコンピューターの中でいちばん悪いです。
That computer is bad. (of all the computers)

＿＿＿＿＿＿＿＿＿＿＿＿＿＿＿＿＿＿＿＿＿＿＿＿＿＿＿＿＿＿

Q2 次の日本文に合うように，（　　）内の語を並べかえなさい。　(7点×5＝35点)

□ (1) トムの成績はすべての生徒の中でいちばんよいです。
Tom's grade (of / is / best / the) all the students.

Tom's grade _____ all the students.

□ (2) 彼はこのチームの中でいちばんすばらしい選手でした。
He (best / player / was / the / in) this team.

He _____ this team.

□ (3) ジェーンは学校の中でいちばん上手にピアノを弾くことができます。
Jane (play / the / can / in / piano / the / best) the school.

Jane _____ the school.

□ (4) 彼の点数はこのクラスの中で最低でした。
His score (in / worst / was / the) this class.

His score _____ this class.

□ (5) このコンピューターはすべての中でいちばん悪いです。
This computer (is / worst / of / the) all.

This computer _____ all.

Q3 （　　）内の語を用いて，日本文の意味を表す英文を完成しなさい。（　　）内の語は適当な形に変化させること。　(8点×5＝40点)

□ (1) あのコンピューターはこの店でいちばんよいです。(good)

_____ this store.

□ (2) この映画はすべての中でいちばんよいです。(good)

_____ all.

□ (3) 彼はすべてのスポーツの中でサッカーをいちばん上手にすることができます。(well)

_____ all the sports.

□ (4) 彼女はこの学校でいちばん上手に料理をすることができました。(well)

She was able to _____ this school.

□ (5) 私の成績は私のクラスの中で最低でした。(bad)

My grade _____ my class.

比較⑩（最上級④）

2053

ここでは many「多数の」/ much「多量の」は **most**「いちばん多くの」に，little「少しの，少し」は **least**「いちばん少しの，いちばん…ない」になることを覚えましょう。

I have as many video games as Tony.

原級 many　　（私はトニーと同じくらいたくさんのテレビゲームを持っています）

I have the most video games of the three.

最上級 most　　（私は3人の中でいちばんたくさんのテレビゲームを持っています）

Q1 次の英文に（　　）内の語句を加えて，日本文の意味を表す文を完成しなさい。語は適当な形に変化させること。

（5点×5＝25点）

□ (1) 私はこのクラスでいちばんたくさんの本を持っています。
I have many books. (in this class)

＿＿＿＿＿＿＿＿＿＿＿＿＿＿＿＿＿＿＿＿＿＿＿＿＿＿＿＿＿＿＿＿＿

□ (2) 彼はすべての生徒の中でいちばんたくさんのテレビゲームを持っています。
He has many video games. (of all the students)

＿＿＿＿＿＿＿＿＿＿＿＿＿＿＿＿＿＿＿＿＿＿＿＿＿＿＿＿＿＿＿＿＿

□ (3) そのお年寄りの男性はこの町でいちばんお金を持っていました。
The elderly man had much money. (in this town)

＿＿＿＿＿＿＿＿＿＿＿＿＿＿＿＿＿＿＿＿＿＿＿＿＿＿＿＿＿＿＿＿＿

□ (4) 私はそのグループの中で理科についての知識をいちばん持っていませんでした。
I had little knowledge about science. (in the group)

＿＿＿＿＿＿＿＿＿＿＿＿＿＿＿＿＿＿＿＿＿＿＿＿＿＿＿＿＿＿＿＿＿

□ (5) 今年はこの10年間でいちばん雨が降りませんでした。　　these 10 years「この10年」
This year we had little rain. (in these 10 years)

＿＿＿＿＿＿＿＿＿＿＿＿＿＿＿＿＿＿＿＿＿＿＿＿＿＿＿＿＿＿＿＿＿

次の日本文に合うように，（　　　）内の語を並べかえなさい。　　　　（7点×5＝35点）

□ (1) あなたは学校の中でいちばんたくさんの本を読みます。
You (books / in / the / most / read) your school.

You _____ your school.

□ (2) 私は家族の中でいちばんたくさんのお金を使いました。
I (in / the / spent / most / money) my family.

I _____ my family.

□ (3) メアリーはクラスの中でいちばんたくさんの歌を知っています。
Mary (most / the / in / songs / knows) the class.

Mary _____ the class.

□ (4) 私は私の兄弟の中でいちばんお金を持っていません。
I (the / of / least / have / money) my brothers.

I _____ my brothers.

□ (5) ２月は１年の中でいちばん雨が降りません。
In February we (of / least / rain / the / have) the year.

In February we _____ the year.

Q3 （　　　）内の語を用いて，日本文の意味を表す英文を完成しなさい。（　　　）内の語は適当な形に変化させること。　　　　（8点×5＝40点）

□ (1) 私はこのクラスでいちばんたくさんのペンを持っています。(many)

_____ this class.

□ (2) トム (Tom) は今日，すべてのクラスメートの中でいちばんお金を持っています。(much)

_____ all the classmates today.

□ (3) 私は家族の中でいちばんたくさんの歌を知っています。(many)

_____ my family.

□ (4) これが，この店でいちばん高くない車です。(little)

_____ in this store.

□ (5) エマはその日の観光客の中でいちばんお金を使いませんでした。(little)

Emma spent _____ all the tourists that day.

比較の変化表

日本語の意味	原級	比較級	最上級
基本パターン（er, estをつける）			
□ 若い	young	younger	youngest
□ 背が高い	tall	taller	tallest
□ 速い	fast	faster	fastest
□ 難しい	hard	harder	hardest
□ 小さい	small	smaller	smallest
□ 強い	strong	stronger	strongest

短母音＋子音字で終わる単語（子音字を重ねてer, estをつける）			
□ 大きい	big	bigger	biggest
□ 熱い	hot	hotter	hottest

eで終わる単語（r, stだけをつける）			
□ かわいい	cute	cuter	cutest
□ すてきな	nice	nicer	nicest
□ 大きい	large	larger	largest

日本語の意味	原級	比較級	最上級

子音字＋yで終わる単語（yをiに変えて er, est をつける）

日本語の意味	原級	比較級	最上級
□ 忙しい	busy	busier	busiest
□ 早い	early	earlier	earliest
□ やさしい	easy	easier	easiest
□ 重い	heavy	heavier	heaviest

つづりの長い単語（more, most をつける）

日本語の意味	原級	比較級	最上級
□ 美しい	beautiful	more beautiful	most beautiful
□ 難しい	difficult	more difficult	most difficult
□ 有名な	famous	more famous	most famous
□ おもしろい	interesting	more interesting	most interesting
□ 人気のある	popular	more popular	most popular
□ 役に立つ	useful	more useful	most useful

不規則に変化する単語

日本語の意味	原級	比較級	最上級
□ よい・上手に	good / well	better	best
□ 悪い	bad	worse	worst
□ 多い	many / much	more	most
□ 少ない	little	less	least

2054

疑問詞 which ①

---

which は「**どちら，どれ**」という意味を表す**疑問詞**です。which を使った疑問文は，「2つのうちどちらが」という意味なので，A or B「A ですか B ですか」という語句が続くこともあります。

Which is your cup?　（あなたのカップはどちらですか）

Which is your bag, the red one or the black one?

疑問詞 which　　　　　　　　　　A　　or　　　B

（赤いのと黒いのとどちらがあなたのかばんですか）

Q1 次の英文の（　　）内の正しいほうを選び，◯で囲みなさい。　　(5点×5＝25点)

☐ (1) あなたのペンはどちらですか。
　　(Which is / Whose is) your pen?

☐ (2) 赤いのと青いのとどちらがあなたの車ですか。
　　Which (is / does) your car, the red one or the blue one?

☐ (3) あなたは大きいカップと小さいカップのどちらがほしいですか。
　　Which (you want / do you want), the big cup or the small one?

☐ (4) 彼女は新しい小説と古い小説のどちらを持っていましたか。
　　Which (did she have / she had), the new novel or the old one?

☐ (5) ケイトは英語と数学のどちらを勉強しますか。
　　Which (Kate studies / does Kate study), English or math?

Q2 次の日本文に合うように, (　　　)内の語を並べかえなさい。　(7点×5＝35点)

☐ (1) 彼女の自転車はどちらですか。

(is / which / bike / her)?

_____?

☐ (2) 古いほうと新しいほうのどちらがあなたの家ですか。

(is / house / your / which), the old one or the new one?

_____, the old one or the new one?

☐ (3) あなたは大きい町と小さい町のどちらを訪ねましたか。

(visit / did / which / you), the large town or the small one?

_____, the large town or the small one?

☐ (4) 彼は高いペンと安いペンのどちらを買いましたか。

(which / did / buy / he), the expensive pen or the cheap one?

_____, the expensive pen or the cheap one?

☐ (5) メアリーはネコと犬のどちらがほしいですか。

(does / Mary / want / which), cats or dogs?

_____, cats or dogs?

Q3 次の日本文を英語に直しなさい。　(8点×5＝40点)

☐ (1) 彼女の車はどちらですか。

_____

☐ (2) 彼は大きいかばんと小さいかばんのどちらを買いましたか。

_____, the large bag or the small one?

☐ (3) あなたのお姉さんは英語と数学のどちらを勉強しましたか。

_____, English or math?

☐ (4) メアリーはどちらを選びましたか。

_____

☐ (5) あなたは紅茶とコーヒーのどちらがほしいですか。

_____, tea or coffee?

疑問詞 which ②

A，B 2 つのものを比べて「A と B のどちらがより〜ですか」とたずねるときには，〈Which 〜＋比較級，**A or B?**〉とします。

Which is bigger, <u>the red ball</u> **or** <u>the blue one?</u>

疑問詞 which　　　　　　　　　A　　　or　　　B

(赤いボールと青いボールのどちらが大きいですか)

Q1 次の英文の(　　)内の正しいほうを選び，◯で囲みなさい。　　(5点×5＝25点)

☐ (1) こちらの建物とあちらの建物のどちらが大きいですか。
(Which is / Whose is) bigger, this building or that one?

☐ (2) 黒い箱と白い箱のどちらがよいですか。
Which (are / is) better, the black box or the white one?

☐ (3) 赤いリボンと黄色いリボンのどちらが長いですか。
Which (does / is) longer, the red ribbon or the yellow one?

☐ (4) 東京に行くには電車と車のどちらが速いですか。
Which (is / do) faster to get to Tokyo, a train or a car?

☐ (5) この人形とあの人形ではどちらがかわいいですか。
Which (is / does) cuter, this doll or that one?

Q2 次の日本文に合うように，(　　)内の語句を並べかえなさい。　　(7点×5＝35点)

☐ (1) この車とあの車ではどちらが新しいですか。
(, / is / which / this car / newer) or that one?

＿＿＿＿＿＿＿＿＿＿＿＿＿＿＿＿＿＿＿＿＿＿＿＿＿ or that one?

☐ (2) この建物とあの建物ではどちらが高いですか。
(this building / is / taller / , / which) or that one?

＿＿＿＿＿＿＿＿＿＿＿＿＿＿＿＿＿＿＿＿＿＿＿＿＿ or that one?

□ (3) この話とあの話のどちらがおもしろかったですか。
(was / which / more / interesting), this story or that one?

_____, this story or that one?

□ (4) この辞書とあの辞書のどちらが役に立ちましたか。
(more / which / was / useful), this dictionary or that one?

_____, this dictionary or that one?

□ (5) 学生のとき，トムとジムのどちらが賢かったですか。
(smarter / was / which) when they were students, Tom or Jim?

_____ when they were students, Tom or Jim?

③ 次の日本文を英語に直しなさい。 （8点×5＝40点）

□ (1) ジャックとケンのどちらが背が高いですか。

_____, Jack or Ken?

□ (2) この建物とあの建物ではどちらが大きいですか。

_____, this building or that one?

□ (3) あなたはこの車とあの車のどちらのほうが好きですか。

_____, this car or that one?

□ (4) 紅茶とコーヒーのどちらがおいしい（more delicious）ですか。

_____, tea or coffee?

□ (5) インターネット（the Internet）とテレビ（television）はどちらが役に立ちますか。

_____, the Internet or television?

┃ ポイント ┃ 〈Which ～ the＋最上級＋名詞＋of[in]〉... ?〉

　3つ以上のものを比べて，「どれがいちばん～か」とたずねるときは，〈Which ～the＋最上級＋名詞＋of[in]〉...?〉の形を使います。
　Which is the largest lake in the world? （世界でいちばん大きい湖はどれですか）

学習日 ◯ 月 ◯ 日　⏱ 制限時間 **30** 分　答え→別冊 p.18 ＿＿＿＿＿ / 100点

2056

疑問詞 which ＋ 名詞

〈which ＋ 名詞〉は「どちらの〜」という意味を表します。これまで学習してきた which と同じように「2 つのうちどちらが」という意味なので，A or B「A ですか B ですか」という語句が続くこともあります。

Which animal do you like better, <u>dogs</u> or <u>cats?</u>
which ＋ 名詞　　　　　　　　　　　　　　　A　　or　　B

（犬とネコのどちらの動物が好きですか）

Q1 次の英文の（　　）内の正しいほうを選び，◯で囲みなさい。　（5点×5 ＝ 25点）

□ (1) こちらとあちらのどちらのカードが大きいですか。
(Which card is / Who card is) bigger, this one or that one?

□ (2) 黒いのと白いのとどちらの車がよいですか。
Which car (is / does) better, the black one or the white one?

□ (3) 大きいのと小さいのとではどちらが好きですか。
Which (do you like / you like) better, the big one or the small one?

□ (4) 彼女は茶色いのと黒いのとどちらのかばんを持っていましたか。
Which (bag did she have / she had bag), the brown one or the black one?

□ (5) ケイトは英語と数学のどちらの教科を勉強していますか。
Which (subject does Kate study / Kate studies subject), English or math?

Q2 次の日本文に合うように，（　　）内の語を並べかえなさい。　（7点×5 ＝ 35点）

□ (1) 東京と大阪ではどちらがより大きな都市ですか。
(is / which / city / bigger), Tokyo or Osaka?

＿＿＿＿＿＿＿＿＿＿＿＿＿＿＿＿＿＿＿＿＿＿＿＿, Tokyo or Osaka?

□ (2) どちらの辞書が役に立ちますか。

(useful / is / which / dictionary / more)?

_____?

□ (3) どちらの車をあなたは買いましたか。

(which / car / buy / did / you)?

_____?

□ (4) あなたは英語と数学のどちらの科目を勉強しましたか。

(subject / you / which / did / study), English or math?

_____, English or math?

□ (5) どちらの少年がテストに合格しましたか。(passed / boy / which / the / test)?

_____?

Q3 次の日本文を英語に直しなさい。 (8点×5＝40点)

□ (1) 富士山とエベレスト山のどちらの山がより高いですか。

_____, Mt. Fuji or Mt. Everest?

□ (2) どちらの女の子がテストに合格しましたか。

_____

□ (3) この車とあの車のどちらの車がより速いですか。

_____, this car or that one?

□ (4) あなたは歴史と理科のどちらの科目を勉強しますか。

_____, history or science?

□ (5) あなたはどちらの男性を知っていますか。

_____

ポイント 〈Which ＋ 名詞 ～(the＋) 最上級 ？〉

　3つ以上のものを比べて，「どの…がいちばん～か」とたずねるときは，〈Which＋名詞 ～(the＋) 最上級 ？〉の形を使います。

Which season do you like (the) best? （あなたはどの季節がいちばん好きですか）

119

how to 〜

2057

> how, when, what, where などの疑問詞について疑問文で用いる表現は学習しましたが，**疑問詞の後ろに不定詞を続けることで大きな意味のカタマリを作る**ことができます。ここでは，疑問詞の how を使った how to 〜「〜する方法，〜の仕方」という表現を学習しましょう。
>
> I know **how to swim**. （私は泳ぎ方を知っています）
> 疑問詞＋不定詞
>
> Do you know **how to play** chess? （あなたはチェスのやり方を知っていますか）

Q1 次の英文の（　　）内の正しいほうを選び，◯で囲みなさい。　(5点×5＝25点)

☐ (1) 私は料理の仕方を知っています。
I know (how to cook / how to cooking).

☐ (2) 私たちは英語の勉強の仕方を知りたいです。
We want to know (how study / how to study) English.

☐ (3) あなたは博物館までの行き方を知っていますか。
Do you know (how get / how to get) to the museum?

☐ (4) 私はこの機械の使い方を知りません。
I don't know (how to use / how to using) this machine.

☐ (5) 彼女はその質問への答え方がわかりませんでした。
She didn't know (how to answered / how to answer) the question.

Q2 次の日本文に合うように，（　　）内の語を並べかえなさい。 (7点×5＝35点)

□ (1) 私はこのコンピューターの使い方を知りません。
I don't know (to / use / how) this computer.

I don't know ＿＿＿＿＿＿＿＿＿＿＿＿＿＿＿＿＿＿ this computer.

□ (2) 彼は英語の勉強の仕方を知っていますか。
Does he know (study / how / to) English?

Does he know ＿＿＿＿＿＿＿＿＿＿＿＿＿＿＿＿＿ English?

□ (3) 私たちはギターの弾き方を学びたいです。
We want to (play / to / learn / how) the guitar.

We want to ＿＿＿＿＿＿＿＿＿＿＿＿＿＿＿＿＿ the guitar.

□ (4) あなたは郵便局までの行き方を知っていますか。
Do you know (get / how / to / to) the post office?

Do you know ＿＿＿＿＿＿＿＿＿＿＿＿＿＿＿＿＿ the post office?

□ (5) 彼らは料理の仕方を学ぶつもりです。
They are going (cook / learn / to / how / to).

They are going ＿＿＿＿＿＿＿＿＿＿＿＿＿＿＿＿＿.

Q3 次の日本文を英語に直しなさい。 (8点×5＝40点)

□ (1) 彼は図書館までの行き方を知っています。

＿＿＿＿＿＿＿＿＿＿＿＿＿＿＿＿＿＿＿＿＿＿＿＿

□ (2) 私は料理の仕方を知りたいです。

＿＿＿＿＿＿＿＿＿＿＿＿＿＿＿＿＿＿＿＿＿＿＿＿

□ (3) あなたは中国語の勉強の仕方を知っていますか。

＿＿＿＿＿＿＿＿＿＿＿＿＿＿＿＿＿＿＿＿＿＿＿＿

□ (4) 彼はお金のかせぎ（make money）方を知りたがっています。

＿＿＿＿＿＿＿＿＿＿＿＿＿＿＿＿＿＿＿＿＿＿＿＿

□ (5) 彼女はギターの弾き方を学ぶつもりです。

＿＿＿＿＿＿＿＿＿＿＿＿＿＿＿＿＿＿＿＿＿＿＿＿

2058

what to 〜

前回のセクションで〈疑問詞＋不定詞〉で意味のカタマリを作る表現の how to 〜を学習しました。ここでは，**what to 〜**「何を〜すべきか，何を〜したらよいか」という表現について練習しましょう。

I know <u>what to say</u>.（私は何を言うべきかわかっています）

Do you understand <u>what to do</u>?（あなたは何をすべきか理解していますか）

Q 1 次の英文の（　　）内の正しいほうを選び，◯で囲みなさい。　（5点×5＝25点）

□ (1) 彼はそこで何を買うべきかわかっています。
He knows (what to buy / what buy to) there.

□ (2) あなたは彼に何を言うべきかわかっていますか。
Do you know (what saying / what to say) to him?

□ (3) 私たちは今，何をすべきかを理解しています。
We understand (what to do / what do) now.

□ (4) あなたはそのとき，何を勉強すべきかわかっていましたか。
Did you know (what to study / what study to) then?

□ (5) 私は今日，何を着ていくべきかわかりません。
I don't know (to what wear / what to wear) today.

Q2 次の日本文に合うように，（　　）内の語を並べかえなさい。　(7点×5＝35点)

□ (1) 彼女は何を着るべきかわかりませんでした。
She didn't know (wear / to / what).

She didn't know _____.

□ (2) 私はスーパーで何を買うべきか知りたいです。
I want to know (buy / what / to) at the supermarket.

I want to know _____ at the supermarket.

□ (3) あなたたちは彼に何を言うべきかわかりますか。
Do you know (to / what / to / say) him?

Do you know _____ him?

□ (4) 私たちは何をすべきか理解していませんでした。
We didn't understand (do / to / what).

We didn't understand _____.

□ (5) 私は今，何を学ぶべきかわかりません。
I don't know (study / what / to) now.

I don't know _____ now.

Q3 次の日本文を英語に直しなさい。　(8点×5＝40点)

□ (1) 彼はそのとき，何をすべきかわかりませんでした。

_____

□ (2) あなたは今，何をすべきかわかりますか。

_____

□ (3) 彼らは今，何を学ぶべきかを理解しています。

_____

□ (4) 私は，パーティーに何を持って行く（bring）べきかわかりませんでした。

_____

□ (5) 彼は彼女に何を言うべきかわかっていました。

_____

where to 〜

2059

このセクションでも〈疑問詞＋不定詞〉を学習します。where「どこ」は場所をたずねるときに使う疑問詞ですが，**where to 〜** のように不定詞とともに使うと，「どこで［に］〜すべきか，どこで［に］〜したらよいか」という意味になります。

We know <u>where to go</u>. （私たちはどこへ行くべきか知っています）

Do you know <u>where to catch</u> the bus?

（あなたはどこでバスに乗るべきかわかりますか）

Q1 次の英文の（　　）内の正しいほうを選び，◯で囲みなさい。　（5点×5 = 25点）

□ (1) あなたはどこに行くべきかわかりますか。

Do you know (where to go / go to where)?

□ (2) 彼らは英語をどこで勉強すべきかわかっていました。

They knew (where to study / to study where) English.

□ (3) 私は宿題をどこですべきかわかりません。

I don't know (where do to / where to do) my homework.

□ (4) 私はどこで休憩を取るべきか知りたいです。

I want to know (where take / where to take) a break.

□ (5) あなたはどこで電車を降りるべきか知っていましたか。

Did you know (where to getting / where to get) off the train?

get off「〜を降りる」

Q2 次の日本文に合うように，（　　）内の語を並べかえなさい。　　(7点×5＝35点)

☐ (1) 彼らはどこへ行くべきか知りません。
They don't know (go / to / where).

They don't know _____.

☐ (2) 私はどこで電車を降りるべきか知りたいです。
I want to know (get / to / where / off) the train.

I want to know _____ the train.

☐ (3) 彼女はどこで休憩を取るべきか知っていますか。
Does she know (to / where / take) a break?

Does she know _____ a break?

☐ (4) 私たちはどこでチケットを買うのかわかりませんでした。
We didn't know (where / buy / to) the tickets.

We didn't know _____ the tickets.

☐ (5) 私たちはどこでこのかさを買うべきか知りたいです。
We want to know (where / buy / this / to) umbrella.

We want to know _____ umbrella.

Q3 次の日本文を英語に直しなさい。　　(8点×5＝40点)

☐ (1) 私たちはどこで休憩を取るべきか知りたいです。

_____

☐ (2) 彼女はどこでバスを降りるべきか知っていますか。

_____

☐ (3) マイクはどこで宿題をすべきなのか知っていましたか。

_____

☐ (4) あなたたちはどこに行くべきかわかっていません。

_____

☐ (5) 彼らはどこでチケットを買うべきかを知りたがっています。

_____

2060

when to 〜

> ここでは **when to 〜** のカタマリについて学習します。when「いつ」は時をたずねる疑問詞ですが，when to 〜 のように不定詞とともに使うことで，「いつ〜すべきか，いつ〜したらよいか」という意味になります。
>
> **They know <u>when to start</u> the plan.**
>
> （彼らはいつその計画を始めるべきかわかっています）

Q1　次の英文の（　　）内の正しいほうを選び，◯で囲みなさい。　（5点×5＝25点）

□ (1) 私は昼食をいつ食べるべきか知りたいです。
I want to know (when to eat / when eating) lunch.

□ (2) あなたはいつ出発すべきかわかっていますか。
Do you know (when starting / when to start)?

□ (3) 彼はいつ働くことを終えるべきかわかりません。
He doesn't know (when to finish / when to finishing) working.

□ (4) あなたはいつ休憩を取るべきか知っていましたか。
Did you know (when take to / when to take) a break?

□ (5) 私は私たちの計画をいつ発表すべきかわかっていました。
I knew (when to announce / announce when to) our plan.

announce「発表する」

Q2　次の日本文に合うように，（　　）内の語句を並べかえなさい。　（7点×5＝35点）

□ (1) 私はいつ休憩を取るべきか知りたいです。
I want to know (take / to / when) a break.

I want to know _____ a break.

□ (2) 彼はいつ勉強すべきか知っていますか。
Does he know (study / when / to)?

Does he know _____ ?

□ (3) 私はいつ彼に手紙を書くべきかわかっています。
I know (a letter / when / write / to / to) him.

I know ＿＿＿＿＿＿＿＿＿＿＿＿＿＿＿＿＿＿＿＿＿＿＿＿ him.

□ (4) あなたたちはいつ出発すべきかわかっていますか。
Do you know (leave / to / when)?

Do you know ＿＿＿＿＿＿＿＿＿＿＿＿＿＿＿＿＿＿＿＿＿＿＿＿＿?

□ (5) デイビッドはいつチケットを買うべきかわかっていません。
David doesn't know (buy / to / when) a ticket.

David doesn't know ＿＿＿＿＿＿＿＿＿＿＿＿＿＿＿＿＿＿＿＿ a ticket.

Q3 次の日本文を英語に直しなさい。

(8点×5＝40点)

□ (1) 私はこれらのフルーツをいつ食べるべきか知りません。

＿＿＿＿＿＿＿＿＿＿＿＿＿＿＿＿＿＿＿＿＿＿＿＿＿＿＿＿＿＿＿＿

□ (2) 彼はいつこれらの計画を開始すべきなのかわかっています。

＿＿＿＿＿＿＿＿＿＿＿＿＿＿＿＿＿＿＿＿＿＿＿＿＿＿＿＿＿＿＿＿

□ (3) あなたはいつこの本を読むべきかわかっていますか。

＿＿＿＿＿＿＿＿＿＿＿＿＿＿＿＿＿＿＿＿＿＿＿＿＿＿＿＿＿＿＿＿

□ (4) 私はいつ休憩を取るべきなのかわかりません。

＿＿＿＿＿＿＿＿＿＿＿＿＿＿＿＿＿＿＿＿＿＿＿＿＿＿＿＿＿＿＿＿

□ (5) ナンシー（Nancy）はいつ働き始めるべきか知りたがっています。

＿＿＿＿＿＿＿＿＿＿＿＿＿＿＿＿＿＿＿＿＿＿＿＿＿＿＿＿＿＿＿＿

ポイント 〈which（＋名詞＋）to ～〉

〈which to ～〉という形もあります。

　　which to **take**　　「どちらを取るべきか」
　　which to **eat**　　「どちらを食べるべきか」

また，〈which＋名詞＋to ～〉のように，which と to の間に名詞が入る形もあります。

　　which **dictionary** to **use**「どちらの辞書を使うべきか」

形容詞の使い方

2061

形容詞は「かわいい犬」や「幸せな人」のように，**名詞を説明するときに使う語**です。形容詞はおもに名詞の直前に置かれてその名詞を説明したり，be 動詞のあとに置かれて，主語を説明したりします。

I know that pretty baby. （私はあのかわいい赤ちゃんを知っています）
形容詞　名詞

The window in my room　is　open. （私の部屋の窓は開いています）
主語　　　　　　　　be 動詞　形容詞

Q1 次の英文の（　　）内の正しいほうを選び，◯で囲みなさい。　　（5点×5＝25点）

☐ ⑴ 私は悲しいです。
I am (sad / a sad).

☐ ⑵ 私の父はとても親切です。
My father is very (an kind / kind).

☐ ⑶ 彼女は幸せでした。
She was (happy / a happy).

☐ ⑷ これは簡単な問題です。
This is (an easy question / easy question).

☐ ⑸ 私たちは難しい本を読んでいるところです。
We're reading (difficult books / difficult book).

次の日本文に合うように，（　　）内の語を並べかえなさい。　　　(7点×5＝35点)

☐ (1) その浜辺はとても美しいです。
(beautiful / beach / the / is / very).

_____.

☐ (2) この本はとてもおもしろかったです。
This book (interesting / was / very).

This book _____.

☐ (3) これは役に立つ辞書です。
This (dictionary / a / useful / is).

This _____.

☐ (4) メアリーはとても親切です。
(kind / is / very / Mary).

_____.

☐ (5) 彼女の父親は金持ちです。
(father / is / rich / her).

_____.

Q3 次の日本文を英語に直しなさい。　　　(8点×5＝40点)

☐ (1) タケシはとても親切でした。

_____

☐ (2) 彼女は怒っています。

_____

☐ (3) 彼は何冊かおもしろい本を持っています。

_____

☐ (4) この問題はとてもやさしいです。

_____

☐ (5) この小説はとても難しかったです。

_____

2062

副詞の使い方

副詞は「<u>速く</u>走る」や「<u>ゆっくり</u>食べる」のように，おもに**動詞を説明するとき**に使う語です。副詞は文の最後に置くことが多いですが，usually「ふつう」や often「よく，しばしば」など頻度を表す副詞は，①一般動詞の前，②be 動詞・助動詞のあとに置くのがふつうです。

Jane speaks fast. （ジェーンは速く話します）
　　　　　　　　　　副詞

They walked slowly. （彼らはゆっくり歩きました）
　　　　　　　　　副詞（形容詞 slow + -ly）

We often visit our aunt. （私たちはよく私たちのおばを訪ねます）
　　　　副詞

英語では slow-slowly のように，形容詞に -ly をつけると副詞になる単語が多いことも知っておきましょう。

Q1　次の英文の（　　）内の正しいほうを選び，◯で囲みなさい。　(5点×5 = 25点)

☐ (1) 彼はとてもゆっくり話します。
He talks very (slow / slowly).

☐ (2) アンナはこの機械を注意深く使います。
Anna uses this machine (careful / carefully).

☐ (3) 彼はすばやく昼食を食べます。
He eats lunch (quickly / quick).

☐ (4) 私は簡単に問題を解きました。
I solved the problem (easy / easily).　　　　　　　　solve「解く」

☐ (5) 私はいつも 7 時前に起きます。
I (always get up / get up always) before seven.

Q2 次の日本文に合うように，（　　　）内の語句を並べかえなさい。　　(7点×5＝35点)

☐ (1) トムの父はとてもすばやく仕事をします。
(father / works / Tom's / very / quickly).

_____ .

☐ (2) ケイトは注意深く彼の話を聞きました。
(Kate / to / listened / him) carefully.

_____ carefully.

☐ (3) あなたはそれを一生懸命に考えなければなりません。
You (it / to / have / think / hard / about).

You _____ .

☐ (4) 私たちはよくその公園に行きます。
We (to / often / the park / go).

We _____ .

☐ (5) 彼女はときどき学校に遅刻します。
She (school / late / is sometimes / for).

She _____ .

Q3 次の日本文を英語に直しなさい。　　(8点×5＝40点)

☐ (1) 彼女はとてもゆっくり歩きます。

_____

☐ (2) 私の母はいつも6時前に起きます。

_____

☐ (3) 彼らはすばやくその問題を解きました。

_____

☐ (4) エマ（Emma）は簡単にその本を読むことができます。

_____

☐ (5) 私たちはその問題について注意深く考えます。

_____

受け身［受動態］

これまでに学習してきた「主語は〜する」という文を**能動態**（のうどうたい）と呼びます。それに対して，「主語は〜される」という意味を持つ文を**受け身**［**受動態**］（じゅどうたい）と呼びます。受け身は〈**主語＋be動詞＋動詞の過去分詞形＋by 〜**〉の形で表します。動詞の過去分詞形は，多くの動詞は動詞の原形＋(e)d の形ですが，不規則に変化するものもあります。by 〜は「〜によって」という意味で，行為者を表すのに用いますが，下の 2 つめの例文のように行為者が明白な場合，by 〜 は使いません。

The lunch　is　made　　by my sister.（昼食は私の姉によって作られます）
　S　　　　　be動詞 過去分詞形　　by 〜

Japanese　is　spoken in Japan.（日本語は日本で話されています）

〔よく使う不規則変化の動詞〕

① 過去形と過去分詞が同じ語	③ すべて形が異なる語
buy（買う）― bought ― bought	eat（食べる）― ate ― eaten
make（作る）― made ― made	give（与える）― gave ― given
teach（教える）― taught ― taught	know（知っている）― knew ― known
tell（話す）― told ― told	see（見る）― saw ― seen
② すべて形が同じ語	sing（歌う）― sang ― sung
cut（切る）― cut ― cut	speak（話す）― spoke ― spoken
read（読む）― *read ― *read	take（取る）― took ― taken
*［レッドゥ］と発音する	write（書く）― wrote ― written

Q1 次の英文の（　　）内の正しいほうを選び，◯で囲みなさい。　　　（5点×5＝25点）

□ (1) ケーキはメアリーによって作られます。
　　The cake (is made / is making) by Mary.

□ (2) その機械は彼によって使われます。
　　The machine (is using / is used) by him.

□ (3) それらの歌は若者によって歌われます。
　　Those songs (are sung / are singing) by young people.

□ (4) これらの本は学生によって読まれます。
　　These books (are reading / are read) by students.

□ (5) 英語はオーストラリアでも話されます。
　　English (is speaking / is spoken) in Australia, too.

次の下線部を主語にして受け身の文を作りなさい。　　　　(7点×5＝35点)

□ (1) I study <u>English</u>.

　　_____

□ (2) I like <u>him</u>.

　　_____

□ (3) I eat <u>some apples</u> every day.

　　_____

□ (4) He speaks <u>French</u>.

　　_____

□ (5) They use <u>computers</u>.

　　_____

Q ❸ 次の日本文に合うように，（　　）内の語を並べかえなさい。　　(8点×5＝40点)

□ (1) カエルはヘビに食べられます。
　　(snakes / by / frogs / eaten / are).

　　_____ .

□ (2) このコンピューターは彼女によって使われます。
　　(computer / is / by / used / this / her).

　　_____ .

□ (3) これらの小説は学生によって読まれます。
　　(novels / read / are / these / students / by).

　　_____ .

□ (4) 英語はインドでも話されます。
　　(is / English / India / in / spoken), too.

　　_____ , too.

□ (5) 彼は多くの人に愛されています。
　　(he / loved / is / people / by / many).

　　_____ .

受け身の時制

受け身の時制は，〈be動詞＋動詞の過去分詞形〉の be動詞の形で決まります。「主語は〜された」という過去の意味にするためには主語に合わせて，was と were を使いわけましょう。

He was called Taku by everyone.　（彼はみんなにタクと呼ばれました）
These books were used in the class.　（これらの本は授業で使われました）

will, can などの助動詞を含む受け身は，〈will[canなど]＋be＋**動詞の過去分詞形**〉の形になります。

The gate will be opened at ten.　（その門は 10 時に開けられるでしょう）

Q1　次の英文の（　　）内の正しいほうを選び，◯で囲みなさい。　（5点×5＝25点）

□ (1) この本は有名な作家によって書かれました。
This book (was written / is written) by a famous writer.

□ (2) その写真は彼によって撮られました。
The picture (was take / was taken) by him.

□ (3) あれらの部屋は彼女によって掃除されるでしょう。
Those rooms (will cleaned / will be cleaned) by her.

□ (4) これらのカメラは日本で作られました。
These cameras (were make / were made) in Japan.

□ (5) スペイン語はそのとき，いくつかの国で使われました。
Spanish (is used / was used) in some countries then.

Q2 次の下線部を主語にして，受け身の文にしなさい。 (7点×5＝35点)

□ (1) I studied French.

___

□ (2) I liked those children.

___

□ (3) She ate some vegetables last night.

___

□ (4) He spoke Korean then.

___

□ (5) More people will use computers.

___

Q3 次の日本文に合うように，（　）内の語句を並べかえなさい。 (8点×5＝40点)

□ (1) この小説は夏目漱石によって書かれました。
(was / this / Natsume Soseki / novel / written / by).

___

□ (2) これらの写真は私の父によって撮られました。
(father / pictures / these / taken / were / my / by).

___

□ (3) この仕事は彼によってなされなければなりません。
(must / him / this work / be / done / by).

___

□ (4) これらの時計はスイスで作られました。
(Switzerland / these / were / made / watches / in).

___

□ (5) この部屋は彼女によって掃除されました。
(room / this / cleaned / was / her / by).

___

受け身の否定文

2065

ここでは受け身の否定文を学習します。受け身を否定文にするためには，be 動詞と過去分詞の間に not を置き，〈**be 動詞＋not＋動詞の過去分詞形**〉の形にします。また，isn't など短縮形を用いることもできます。

Spanish is not [isn't] spoken in Italy.
（スペイン語はイタリアでは話されていません）

This book was not [wasn't] used yesterday.
（この本は昨日は使われませんでした）

Q1 次の英文の（　　）内の正しいほうを選び，◯で囲みなさい。　　　(5点×5＝25点)

□ (1) 日本語は韓国で使われていません。
Japanese (is not used / not is used) in Korea.

□ (2) これらの本は学生によって読まれません。
These books (are not read / are not reading) by students.

□ (3) あの男性は彼女のお母さんによって愛されていません。
That man (isn't loved / aren't loved) by her mother.

□ (4) この時計はマレーシアで作られませんでした。
This watch (wasn't make / wasn't made) in Malaysia.

□ (5) それらの学生はスミス先生によって英語を教えられませんでした。
Those students (wasn't taught / weren't taught) English by Mr. Smith.

次の英文を否定文にして，全文を書きかえなさい。　(7点×5＝35点)

☐ (1) French was studied by a lot of people.

_____

☐ (2) These children are liked by me.

_____

☐ (3) Some fruits were eaten by her last night.

_____

☐ (4) Korean was spoken by them.

_____

☐ (5) Computers were used by him.

_____

Q **3** 次の日本文に合うように，(　　)内の語を並べかえなさい。　(8点×5＝40点)

☐ (1) このコンピューターは日本では売られていませんでした。
(not / was / this / Japan / in / computer / sold).

_____.

☐ (2) この赤い車は彼によって買われませんでした。
(red car / bought / wasn't / him / by / this).

_____.

☐ (3) それらの学生はリー先生によって中国語を教えられていません。
(students / those / taught / aren't) Chinese by Ms. Lee.

_____ Chinese by Ms. Lee.

☐ (4) その皿は彼女によって洗われません。
(aren't / dishes / her / the / washed / by).

_____.

☐ (5) その事実は新聞には書かれませんでした。
(wasn't / fact / the / written) in the newspaper.

_____ in the newspaper.

受け身の疑問文と答え方

2066

ここでは受け身の疑問文を学習します。受け身を疑問文にするためには，be 動詞を文頭に置いて，〈be 動詞＋主語＋動詞の過去分詞形 〜 ?〉の形にします。答えるときは，Yes や No を使い，主語と be 動詞を用いて答えましょう。

Is this song **liked** by everyone?　（この歌はみんなに好かれていますか）
— **Yes**, it **is**.　（はい，好かれています）
— **No**, it **is** not[isn't].　（いいえ，好かれていません）

Q1 次の英文の（　　）内の正しいほうを選び，◯で囲みなさい。　　　（5点×5＝25点）

☐ (1) 英語はアジアで話されますか。— はい，話されます。
(Is English spoken / Is English speak) in Asia?
— Yes, (it does / it is).

☐ (2) この本は彼によって読まれますか。— いいえ，読まれません。
(Does this book read / Is this book read) by him?
— No, (they don't / it isn't).

☐ (3) その歌は多くの人々によって歌われましたか。— はい，歌われました。
Was (that song sung / that song sing) by many people?
— Yes, (it was / it is).

☐ (4) あれらの小説は若い人々によって読まれますか。— いいえ，読まれません。
Are those novels (read / reading) by young people?
— No, (they aren't / they don't).

☐ (5) その車はあなたのお父さんによって洗われましたか。— はい，洗われました。
(Was the car / Did the car) washed by your father?
— Yes, (it was / they were / it did).

Q2 次の英文を疑問文にして，（　　）内の語を用いて答えなさい。　（7点×5＝35点）

□ (1) English was studied by a lot of students.　(Yes)

_____ — _____

□ (2) The boy is liked by that girl.　(No)

_____ — _____

□ (3) The fruits were eaten by her last night.　(Yes)

_____ — _____

□ (4) Japanese was spoken by some French people.　(No)

_____ — _____

□ (5) Those dictionaries were used by him.　(Yes)

_____ — _____

Q3 次の日本文に合うように，（　　）内の語句を並べかえなさい。　（8点×5＝40点）

□ (1) 中国語は日本で話されますか。— いいえ，話されません。
(Chinese / spoken / Japan / is / in)?　— (it / isn't / no / ,).

_____? — _____.

□ (2) この映画は多くの人々によって見られますか。— いいえ，見られません。
(is / seen / many / by / this / movie / people)?　— (no / isn't / it / ,).

_____? — _____.

□ (3) あれらの机はあなたのお父さんによって作られましたか。— はい，作られました。
(by / desks / were / made / those / your / father)?
　— (were / yes / they / ,).

_____? — _____.

□ (4) その車は有名な俳優によって使われましたか。— いいえ，使われませんでした。
(a / used / was / by / famous / actor / the car)?　— (it / wasn't / no / ,).

_____? — _____.

□ (5) あの女性は彼によって愛されましたか。— はい，愛されました。
(woman / that / loved / him / was / by)?　— (yes / was / she / ,).

_____? — _____.

📝 学習日 ◯ 月 ◯ 日　⏱ 制限時間 **30** 分　答え→別冊 p.22　_____ / 100点

by を用いない受け身

2067

> 受け身では行為者（こういしゃ）を表すときに by ～「～によって」を使いますが，動詞の know や make では by ～ではない表現もよく使われます。by の代わりに用いられる前置詞と意味を確認しましょう。
>
> **He is known to everyone in the town.** （彼は町中のみんなに知られています）
> **He is known for his kindness.** （彼は親切なことで知られています）
> **He is known as a musician.** （彼は音楽家として知られています）

Q1 次の文の（　　）に入る前置詞を下から選びなさい。　　（5点×5 = 25点）

☐ (1) The actor is known (　　　　) many people. （その俳優（はいゆう）は多くの人々に知られています）

☐ (2) Kyoto is known (　　　　) its old temples. （京都は古いお寺で知られています）

☐ (3) Tokyo is known (　　　　) the biggest city in Japan.

（東京は日本で最も大きな都市として知られています）

☐ (4) This desk is made (　　　　) wood. （この机は木で作られています）

☐ (5) Japanese *sake* is made (　　　　) rice. （日本酒は米から作られています）

as	for	from	of	to

Q2 次の日本文に合うように，（　　　）内の語を並べかえなさい。ただし，1語不要な語があります。　　（7点×5 = 35点）

☐ (1) この歌は，多くの若者によって知られています。
(song / is / to / this / known / young / people / by / many).

_____.

☐ (2) 静岡はお茶で知られています。
(known / as / Shizuoka / for / tea / is / its).

_____.

☐ (3) 彼女のお兄さんは，サッカー選手として知られていました。

(brother / was / her / as / player / soccer / a / known / by).

_____ .

☐ (4) これらのおもちゃは木製です。

(are / made / toys / of / into / these / wood).

_____ .

☐ (5) バターはミルクから作られます。

Butter (made / is / from / into) milk.

Butter _____ milk.

Ⓠ3 次の日本文を英語に直しなさい。 (8点×5＝40点)

☐ (1) 彼女の名前はすべての人に知られています。(6 語で)

_____

☐ (2) この箱は紙で作られています。（This box で始めて， 6 語で）

_____

☐ (3) ミルクはチーズ（cheese）に作り変えられます。(Milk で始めて， 5 語で)

_____

☐ (4) このレストランはとてもおいしい（delicious）ピザ（pizza）で知られています。

_____

☐ (5) 彼は科学者（scientist）として知られています。

_____

| ！ | ポイント | by 以外の前置詞を用いる表現 |

be covered with ～ 「～でおおわれている」

be made from ～ 「～から作られている」（外見上，主語が「～」でできていることがわかりにくい場合
→ 日本酒と米の関係　など）

be made of ～ 「～から作られている」（外見上，主語が「～」でできていることがわかる場合
→ 机と木の関係　など）

be made into ～ 「(主語は)～に作り変えられる」　など

141

出題範囲 ▶ **セクション 41 〜 64**

1 次の（　　）内の語を適当な形に変えなさい。（変える必要のない語はそのまま書きなさい。また答えは1語とは限りません。）
(4点×7=28点)

☐ (1) This question is (easy) than the first one.　_____

☐ (2) This department store is the (big) in the city.　_____

☐ (3) Your picture is (beautiful) than hers.　_____

☐ (4) This cat is the (pretty) of all.　_____

☐ (5) The singer is the (famous) in Japan.　_____

☐ (6) My grandmother is as (tall) as my mother.　_____

☐ (7) Kate plays tennis the (well) of us all.　_____

2 （　　）に入る語句を選び，番号で答えなさい。
(4点×5=20点)

☐ (1) This book is as (　　　　) as that one.
① interesting　　② most interesting　　③ more interesting

☐ (2) February is (　　　　) month in Japan.
① colder　　② the coldest　　③ as cold as

☐ (3) You can speak English as (　　　　) as Miki.
① well　　② better　　③ best

☐ (4) (　　　　) do you like better, coffee or tea?
① Why　　② Which　　③ When

☐ (5) English (　　　　) around the world.
① is spoken　　② is speaking　　③ spoken

3 各組の2文がほぼ同じ意味を表すように，（　　）に適当な1語を入れなさい。
(5点×4=20点)

☐ (1) Your idea is better than mine.
My idea isn't as (　　　　) (　　　　) yours.

☐ (2) Eric can sing better than Kate.
Kate (　　　　) sing (　　　　) (　　　　) as Eric.

142

☐ (3) This question was more difficult than that one.

That question (   ) (   ) than this one.

☐ (4) A lot of people visit Kyoto every year.

Kyoto (   ) (   ) (   ) a lot of people every year.

4 次の日本文に合うように，（   ）内の語を並べかえなさい。 　　(5点×4=20点)

☐ (1) 料理の仕方を教えていただけませんか。

Could you (me / tell / to / how / cook)?

Could you _____?

☐ (2) これがすべての問題の中でいちばん難しいです。

This is (the / most / the / difficult / of / all) questions.

This is _____ questions.

☐ (3) ジョンは，カレンと同じくらい速く泳ぐことができます。

John (Karen / can / fast / swim / as / as).

John _____.

☐ (4) 私にとって，数学は英語ほど簡単ではありません。

To me, (English / so / as / easy / isn't / math).

To me, _____.

5 （   ）内の指示に従って，次の日本文を英語に直しなさい。ピリオドやクエスチョンマークは語数に含めません。 　　(6点×2=12点)

☐ (1) あなたの国では，サッカーと野球のどちらが人気がありますか。（10語で）

_____

☐ (2) 私はあなたに，次に何をすべきか話します。（8語で）

_____

著者紹介

東進ハイスクール・東進衛星予備校　講師
メガスタディ（メガスタ）オンライン　講師

杉山 一志 <small>（すぎやま　かずし）</small>

　1977年生まれ。大阪府出身。大阪府立旭高等学校国際教養科を経て，同志社大学文学部教育学科卒業。大学3年次にワーキングホリデー制度を活用して，ニュージーランドに渡航し，10か月間語学留学・就労経験を持つ。帰国後，実用英語習得の必要性を感じ，独自の方法で英語学習を開始し，試行錯誤の上，実用英語技能検定1級を取得。また，TOEICテストでもリスニング・ライティングで満点を取得。

　現在は，大学受験指導や英語検定試験（英検）指導などを中心に，幅広い年代の学習者に英語指導を行なっている。大学受験指導では，東大クラス・難関国立クラス・早慶大クラス等，幅広く講座を担当している。

　著書に「小学・中学・高校英文法パターンドリル」シリーズ（文英堂），「究極の音読プログラム初級・中級・上級・ビジネス編」（IBCパブリッシング），「小学英語・中学英語スーパードリル」シリーズ（Jリサーチ出版）などの代表作をはじめ，監修・共著などを含めると手がけた書籍は，80冊を超える。

□ 編集協力　株式会社 WIT HOUSE　阿久津菜花　松崎浩子
□ 本文デザイン　八木麻祐子（ISSHIKI）　木村昇（CONNECT）
□ DTP　榊デザインオフィス
□ イラスト　大塚たかみつ
□ 音声収録　一般財団法人 英語教育協議会（ELEC）

シグマベスト
中2英文法パターンドリル

著　者　杉山一志
発行者　益井英郎
印刷所　中村印刷株式会社
発行所　株式会社文英堂
　　　　〒601-8121　京都市南区上鳥羽大物町28
　　　　〒162-0832　東京都新宿区岩戸町17
　　　　（代表）03-3269-4231

中2 英文法 パターンドリル

解答集

文英堂

セクション 1

Q1
(1) is　　(2) is　　(3) is　　(4) are　　(5) are

Q2
(1) There is an apple
(2) There is an orange
(3) There is a book
(4) There are some apples
(5) There are some books

Q3
(1) There is an egg on the table.
(2) There is an orange in the box.
(3) There is a pen on the chair.
(4) There are some apples on the table.
(5) There are some textbooks in the box.

セクション 2

Q1
(1) is not　　(2) is not　　(3) isn't
(4) aren't　　(5) aren't

Q2
(1) There is not an egg
(2) There is not an orange
(3) There isn't a cat
(4) There aren't any apples
(5) There aren't any dogs

Q3
(1) There is not a pineapple on the desk.
(2) There is not an apple in the box.
(3) There are not any cats on the chair.
(4) There are not any police officers in the park.
(5) There are not any books on his desk.

セクション 3

Q1
(1) Is / is　　(2) Is / isn't　　(3) Is / is
(4) Are / aren't　　　(5) Are / are

Q2
(1) Is there an apple
(2) Is there an orange
(3) Is there a book
(4) Are there any cats
(5) Are there any textbooks

Q3
(1) Is there an orange on the desk?
　　— Yes, there is.
(2) Is there a dog in the park?
　　— No, there is not.
(3) Are there any lions in the zoo?
　　— No, there are not.
(4) Are there any doctors in this school?
　　— No, there are not.
(5) Are there any tables in this office?
　　— Yes, there are.

セクション 4

Q1
(1) was　　(2) was　　(3) were
(4) were　　(5) were

Q2
(1) There was a boy
(2) There was a ball
(3) There were some CDs
(4) There were a lot of girls
(5) There were five computers

③

) There were five CDs in the room.
) There were <u>a lot of</u>[many] boys in the park.
) There was a girl in the shop[store].
) There was a computer in the shop[store].
) There were some balls in the room.

セクション 5

①

) was not　(2) was not　(3) wasn't
) were not　(5) weren't

②

) There was not an apple
) There wasn't an orange
) There wasn't a cat
) There were not any coins
) There weren't any dogs

③

) There was not a peach on the table.
) There was not a rabbit in the box.
) There were not any snakes in the grass.
) There were not any teachers on the playing field.
) There were not any dictionaries on the shelf.

セクション 6

①

) Was, wasn't　(2) Was, was
) Was, was　(4) Were, weren't
) Were, were

Q②

(1) Was there an apple
(2) Was there a melon
(3) Was there a key
(4) Were there any cats
(5) Were there any books

Q③

(1) Was there a pen on the table?
— No, there was not.
(2) Was there a car in the parking lot?
— Yes, there was.
(3) Were there any carrots in the basket?
— Yes, there were.
(4) Were there any students on the playing field? — No, there were not.
(5) Were there any dictionaries on the shelf? — No, there were not.

セクション 7

Q①

(1) will be　(2) will be　(3) will be
(4) will be　(5) will be

Q②

(1) I will be a lawyer
(2) I will be a nurse
(3) He will be busy
(4) He will be a politician
(5) You will be happy

Q③

(1) She will be a teacher next year.
(2) My son will be a doctor next year.
(3) I will be a musician in the future.
(4) You will be busy next week.
(5) He will be happy in the future.

＊I will は I'll, You will は You'll のように短縮形で答えても正解です。

セクション 8

(1) will play　　(2) will go
(3) will watch　　(4) will build
(5) will snow

(1) I will help Tom
(2) My brother will play soccer
(3) They will go on a picnic
(4) He will play the violin
(5) He will miss the train

(1) I will go on a picnic tomorrow.
(2) My sister will make some sandwiches next week.
(3) He will play volleyball tomorrow.
(4) She will practice the violin next week.
(5) The bus will arrive here late.

セクション 9

(1) will not be　　(2) will not be
(3) will not play　　(4) will not make
(5) won't be

(1) She will not be a nurse
(2) I will not be a lawyer
(3) My mother will not go out
(4) He won't practice the violin
(5) They won't make any cookies

(1) He will not [won't] be a teacher next year.
(2) She will not [won't] be a doctor next year.
(3) My mother will not [won't] play tennis tomorrow.
(4) She will not [won't] play the violin next week.
(5) I will not [won't] help my brother tomorrow.

セクション 10

(1) Will you be　　(2) Will you play
(3) Will he study　　(4) Will you be
(5) Will you come

(1) Will you be a nurse
(2) Will you be a politician
(3) Will she study Chinese / No, she won't
(4) Will he play the guitar / Yes, he will
(5) Will you be kind

(1) Will you be a doctor in the future?
— Yes, I will.
(2) Will she make a cake [cakes] tomorrow?
— No, she will not [won't].
(3) Will you help me?
(4) Will he play tennis tomorrow?
— Yes, he will.
(5) Will you speak slowly?

セクション 11

(1) is going to　　(2) am going to
(3) are going to　　(4) going to study
(5) going to be

2)
1) I am going to be a teacher
2) He is going to be a politician
3) and I are going to play baseball
4) She is going to study Korean
5) He is going to buy a wallet

3)
1) I am going to be a doctor in the future.
2) Ann is going to play chess next week.
3) He is going to be a police officer in the future.
4) He is going to buy a bike tomorrow.
5) It is going to <u>rain</u> [be rainy] tomorrow.

セクション 12

1)
1) She is not going to be a musician in the future.
2) He is not going to play the violin tomorrow.
3) She is not going to help Jim tomorrow.
4) They are not going to interview the athlete.
5) It is not going to be cloudy tomorrow.

2)
1) He is not going to be a politician
2) I'm not going to play baseball
3) She isn't going to study Chinese
4) He is not going to play the guitar
5) It is not going to be sunny

3)
1) I am not going to be a doctor in the future.
2) My mother is not going to play tennis tomorrow.
3) It is not going to be windy tomorrow.

(4) Beth is not going to be a nurse in the future.
(5) It is not going to rain [be rainy] tomorrow.

セクション 13

1)
(1) Are you going to be a carpenter in the future?
(2) Is he going to play the piano tomorrow?
(3) Is she going to study English tomorrow?
(4) Is it going to be sunny tomorrow?
(5) What are you going to do next week?

2)
(1) Are you going to be a teacher
(2) Is his son going to be a politician
(3) Are you going to play baseball
    — No, I am not
(4) Is Tom going to finish
(5) Is it going to be cloudy
    — Yes, it is

3)
(1) Are you going to be a doctor in the future?
    — No, I am not.
(2) Is Jack going to play tennis tomorrow?
    — Yes, he is.
(3) Is it going to rain [be rainy] tomorrow?
    — Yes, it is.
(4) Is he going to practice the guitar next Sunday?
    — Yes, he is.
(5) What are they going to do tomorrow?

1
(1) is　　　　　　　(2) was
(3) is　　　　　　　(4) are
(5) were

2
(1) is　　　　　　　(2) is going to go
(3) going to go　　(4) Were there
(5) There were

3
(1) Is there a large elephant in the zoo?
(2) He is not going to meet this musician.
(3) Is his mother going to use a computer?
(4) Will he answer the phone?
　　— Yes, he will.
(5) My father is not going to get up early today.

4
(1) is going to　　　(2) isn't going to
(3) Are, going to

5
(1) Is he going to come here
(2) There was not a chair
(3) It will not rain tomorrow
(4) Is there a notebook in this bag

6
There were some people in the library.

セクション 14

(1) You are able to play soccer well.
(2) I am able to play the guitar well.
(3) He is able to write a letter well.

(4) Our teacher is able to teach English to us well.
(5) Lisa is able to speak English well.

(1) That comedian can tell an interesting story
(2) He is able to play the violin well
(3) My sister is able to use a computer well
(4) The actor can dance well
(5) He is able to swim fast

(1) He is able to run fast.
(2) My friend is able to sing a song [songs] very well.
(3) They are able to swim very fast.
(4) You are able to play baseball well.
(5) I am able to speak French.

セクション 15

(1) I am not able to play soccer well.
(2) I am not able to play the guitar well.
(3) You are not able to write a letter in Japanese.
(4) He is not able to run fast.
(5) Lisa is not able to speak French.

(1) That elderly man isn't able to walk
(2) He's not able to play the violin
(3) She's not able to use a computer
(4) I'm not able to speak French
(5) He isn't able to swim fast

(1) My friend is not able to sing a song [songs] very well.

2) She is not able to speak Spanish.

3) They are not able to swim fast.

4) I am not able to play baseball very well.

5) This boy is not able to speak Japanese.

セクション 16

1) Are you able to play soccer well?

2) Is your brother able to play the guitar well?

3) Is Mike able to write a letter well?

4) Is that man able to run fast?

5) Is she able to speak Chinese well?

1) Are you able to play baseball well
— Yes, I am

2) Is this baby able to speak
— No, he isn't

3) Is she able to use a computer well
— Yes, she is

4) Is that actor able to sing a song well
— No, she isn't

5) Is he able to swim fast
— Yes, he is

1) Is his sister able to dance well?
— Yes, she is.

2) Are those students able to swim well?
— No, they are not.

3) Is your daughter able to cook?
— Yes, she is.

4) Are you able to speak French well?
— No, I am not.

5) Is he able to play the violin well?
— No, he is not.

セクション 17

(1) must study   (2) must do

(3) must write   (4) must wash

(5) must go

(1) I must help him

(2) I must clean the room

(3) You must call Mary

(4) He must study English

(5) She must buy a dictionary

(1) I must call Tom.

(2) I must buy[get] a wallet.

(3) John must go to Beijing.

(4) She must wash the dishes.

(5) The students must do their[the] homework.

セクション 18

(1) must not play   (2) must not do

(3) mustn't talk   (4) mustn't smoke

(5) mustn't go

(1) She must not help Tom

(2) I must not use the smartphone now

(3) You mustn't call Mary

(4) He must not watch TV now

(5) She mustn't sit here

(1) I <u>must not</u>[mustn't] watch TV now.

(2) We <u>must not</u>[mustn't] speak loud here.

(3) They <u>must not</u>[mustn't] play baseball here.

(4) She <u>must not</u> [mustn't] call Tom now.

(5) He <u>must not</u> [mustn't] use a computer now.

セクション 19

(1) I have to play baseball.

(2) She has to read that book.

(3) You have to write a letter.

(4) My father has to go to Tokyo.

(5) His sons have to work very hard.

(1) I have to help Tom

(2) I have to clean my room

(3) Ken has to call Mary

(4) Bob has to study Japanese

(5) She has to buy a dictionary

(1) Her father has to go to Bangkok.

(2) They have to learn English words.

(3) I have to do my [the] homework now.

(4) Maya has to wash the dishes.

(5) She has to practice the piano.

セクション 20

(1) don't have to　　(2) doesn't have to

(3) don't have to　　(4) doesn't have to

(5) doesn't have to

(1) I don't have to help Tom

(2) You don't have to clean your room

(3) You don't have to call Cathy

(4) He doesn't have to work

(5) The student doesn't have to buy a dictionary

(1) You don't have to read this book.

(2) I don't have to buy [get] a dictionary.

(3) She doesn't have to wash the dishes.

(4) He doesn't have to clean his room.

(5) You don't have to go to the park.

セクション 21

(1) I need not practice the violin today.

(2) I need not study English today.

(3) You need not use a computer.

(4) He need not call Mary now.

(5) My father need not work today.

(1) I don't have to go out

(2) You need not clean your room

(3) We need not call Cathy

(4) He need not work today

(5) She need not buy an umbrella

(1) She doesn't have to go to London.

(2) I need not help Tom.

(3) Mike doesn't have to meet [see] Emma today.

(4) This boy doesn't have to go to the park.

(5) You need not study it now.

セクション 22

(1) Do you have to study English?

(2) Does he have to keep a diary?

(3) Does she have to write a letter?

(4) Do you have to learn the sentences?

(5) Do they have to help their friend?

2

(1) Do you have to do your homework
— Yes, I do

(2) Does he have to play the violin
— No, he does not

(3) Does she have to use a computer
— Yes, she does

(4) Do you have to speak French
— No, I don't

(5) Does he have to study English
— Yes, he does

3

(1) Do I have to come early?
— Yes, you do.

(2) Do they have to read this book?
— Yes, they do.

(3) Do you have to meet [see] Mary?
— No, I do not.

(4) Does he have to study math?
— Yes, he does.

(5) Does that boy have to come here?
— No, he does not.

セクション 23

1

(1) Will you   (2) Shall I   (3) Shall we
(4) May I   (5) Will you

2

(1) Will you close the door
(2) Shall we play baseball
(3) Shall I help you with your homework
(4) May I go home now
(5) Shall I bring that book tomorrow

3

(1) Will you close the window [windows]?
(2) May I ride this bike?
(3) Shall I buy [get] some flowers?

(4) Will you help me?
(5) Shall we go to his party?

セクション 24

 1

(1) Would you like to join us
(2) Would you like to take a break
(3) Would you like to come
(4) Would you like to take a seat
(5) Would you like to have some tea

 2

(1) Would you like some coffee
(2) Would you like a piece of cake
(3) Would you like some more juice
(4) Would you like some more milk
(5) Would you like a cup of soup

 3

(1) Would you like (to have) a cup of coffee?
(2) Would you like to go shopping with us?
(3) Would you like some more cookies?
(4) Would you like to go to the movies?
(5) Would you like to play soccer tomorrow?

セクション 25

 1

(1) Be   (2) Be   (3) Be
(4) Be   (5) Be

 2

(1) Be a hero
(2) Be a good police officer
(3) Be kind
(4) Be a kind teacher
(5) Be quiet in this room

9

(1) Be a good doctor.

(2) Be a strong person.

(3) Be careful.

(4) Be kind to your friend(s).

(5) Be quiet during class.

セクション 26

(1) Play   (2) study   (3) Read

(4) Stand up (5) Sit down

(1) Practice the piano

(2) Study math today

(3) Read the textbook

(4) Come to school tomorrow

(5) Sit here

(1) Play tennis with Ben.

(2) Study math hard.

(3) Read the textbook.

(4) Come here right now [soon].

(5) Go [Come] home.

セクション 27

(1) ① Please be quiet.

   ② Be quiet, please.

(2) ① Please be a good doctor.

   ② Be a good doctor, please.

(3) ① Please be careful.

   ② Be careful, please.

(4) ① Please do your homework.

   ② Do your homework, please.

(5) ① Please play the piano.

   ② Play the piano, please.

(1) Stand up, please

(2) Please sit down

(3) Please be kind

(4) Be happy, please

(5) Please study math hard

(1) Please be quiet in this room.

(2) Please be careful when you use the knife.

(3) Please buy [get] some eggs.

(4) Please bring that dictionary.

(5) Please stop the music.

セクション 28

(1) Don't be noisy.

(2) Don't stand up.

(3) Don't sit down.

(4) Don't be selfish.

(5) Don't talk to him.

(1) Don't run here

(2) Don't sleep here

(3) Don't talk to her

(4) Don't be selfish

(5) Don't be shy

(1) Don't be noisy.

(2) Don't stand there.

(3) Don't sit here.

(4) Don't get angry.

(5) Don't walk alone here.

1) Please don't be noisy.
2) Please don't stand up now.
3) Please don't sit down.
4) Please don't be selfish.
5) Please don't tell a lie.

1) Please don't get angry
2) Don't be shy, please
3) Please don't enter the room
4) Please don't be late
5) Don't go out at night, please

1) Don't speak loud, please.
2) Don't eat[have] lunch in this room, please.
3) Don't ride that bike, please.
4) Don't be late for the bus, please.
5) Don't drink this coffee, please.

1) Let's start.
2) Let's go.
3) Let's play the piano.
4) Let's study Japanese.
5) Let's go out of here.

1) Let's try
2) Let's study English
3) Let's finish today's lesson
4) Let's speak Korean
5) Let's work together

(1) Let's dance.
(2) Let's read the book.
(3) Let's play basketball.
(4) Shall we study math?
(5) Shall we listen to music?

確認テスト 2

1
(1) Will   (2) Shall   (3) Would
(4) Be   (5) have

2
(1) Be   (2) Shall we   (3) Will
(4) Don't be   (5) Are, able

3
(1) Shall   (2) Shall we   (3) Would

4
(1) Don't be late for school.
(2) Do you have to do your homework today?
(3) She need not go to the airport.
(4) Please clean the room.

解説
(1) 禁止の命令文では，一般的に Do not よりも Don't がよく使われます。
(3) need not の need は助動詞なので，主語が3人称単数の場合でも，needs にはなりません。

5
(1) Shall I help you
    — Yes, please
(2) Be kind to your friends
(3) Shall we play baseball
    — Yes, let's
(4) Would you like to use this computer

セクション 31

(1) to play　(2) to study　(3) to visit
(4) to study　(5) to play

(1) My father likes to watch TV
(2) I liked to drive a car
(3) He wanted to play baseball
(4) I want to study English
(5) It started to rain

(1) He likes to play baseball.
(2) She wants to study French.
(3) He wanted to visit Kyoto.
(4) I started[began] to play basketball.
(5) It started[began] to snow.

セクション 32

(1) To speak English　(2) To play soccer
(3) To read　(4) To have　(5) To use

(1) To speak French
(2) To play the piano
(3) To watch the news is important
(4) To do the homework was not easy
(5) To help elderly people is very good

(1) To speak English was not easy.
(2) To do the[your] homework is
   important.
(3) To play the piano is fun.
(4) To use a dictionary is very good.
(5) To watch the news is good.

セクション 33

(1) to be　(2) to be　(3) to play
(4) to read　(5) to help

(1) to go to France
(2) to be an actor
(3) My hobby was to collect stamps
(4) Her hobby is to read novels
(5) Their goal is to help sick people

(1) My dream was to be[become] a
   teacher.
(2) Her dream is to go to France.
(3) My hobby is to read books.
(4) His hobby was to play baseball.
(5) Their goal is to help poor people.

セクション 34

(1) to study　(2) to read　(3) for you
(4) for us　(5) for me to do

(1) It is important to study history.
(2) It is necessary to listen to her.
(3) It is important for you to read the
   book.
(4) It is difficult for me to solve this
   question.
(5) It is not easy for us to do the
   homework.

(1) It is interesting to speak English.
(2) It is important to listen to him.
(3) It is difficult for us to play the piano.

) It is good to be kind to elderly people.
) It is not easy for us to learn a foreign language.

セクション 35

) to see　　(2) to study　　(3) to play
) to read　　(5) to go

2

) to go to France
) to see her friend
) to pass the test
) to play baseball
) eat to live

3

) I went to the library to study English.
) She went to Germany to see[meet] her friend[friends].
) Taku will go there to play soccer.
) He got up early to go to Nagano.
) We studied to pass the test[tests].

セクション 36

1

) to hear　　(2) to see　　(3) to study
) to hear　　(5) to know

2

) to hear that
) to come here
) to see you again
) to know the fact
) to hear the rumor

3

(1) We are happy[glad] to come here.
(2) We are happy[glad] to see[meet] you.
(3) Ann and Jack are excited to hear the news.
(4) We were very sad to know that.
(5) I was surprised to hear the fact.

セクション 37

1

(1) to drink　(2) to eat　　(3) to read
(4) to study　(5) to live in

2

(1) a lot of things to do
(2) nothing to do
(3) enough money to buy a new house
(4) to play with
(5) to talk with

3

(1) She wants something to drink.
(2) I had nothing to do yesterday.
(3) He did not have enough money to buy a new car.
(4) She wants a friend[friends] to play with.
(5) They had no[didn't have] time to study.

セクション 38

1

(1) Speaking　(2) Reading　　(3) Playing
(4) collecting　(5) listening

2

(1) Walking every morning
(2) Traveling abroad
(3) Speaking English
(4) Saving money
(5) listening to music

Q3
(1) Reading a book[books] is very important.
(2) His hobby is traveling abroad[overseas].
(3) Listening to music was a lot of fun.
(4) Playing baseball is exciting.
(5) Collecting stamps is interesting.

セクション 39

Q1
(1) playing　(2) watching　(3) making
(4) studying　(5) writing

Q2
(1) likes playing volleyball
(2) likes playing the piano
(3) likes making cakes
(4) started studying English
(5) It began raining

Q3
(1) John likes playing the guitar.
(2) My brother likes traveling.
(3) My father liked studying English.
(4) Stella began[started] watching[seeing] a movie.
(5) It began[started] snowing.

セクション 40

Q1
(1) playing　(2) watching　(3) reading
(4) doing　(5) watching

Q2
(1) stopped drinking coffee
(2) enjoyed traveling abroad
(3) finished writing a letter
(4) will finish reading the newspaper

(5) enjoys talking with a lot of people

Q3
(1) My father enjoys playing tennis.
(2) Jack will finish doing his[the] homework in five minutes.
(3) She stopped watching TV.
(4) Mary stopped eating[having] the ice cream.
(5) He finished reading the book.

確認テスト ３

1
(1) ア　(2) ウ　(3) エ　(4) イ

解説
(1) 副詞的用法　「～するために」
(2) 副詞的用法　「～して」
(3) 形容詞的用法「～するための，～すべき」
(4) 名詞的用法　「～すること」

2
(1) listening　　　(2) It, to play
(3) to do　(4) to play　(5) nothing to

3
(1) watching[to watch]　(2) eating
(3) Getting[To get]　(4) to see
(5) to eat　(6) listening　(7) to be

4
(1) have a lot of e-mails to read
(2) It is dangerous to play on this street
(3) want to go to America
　— To study English
(4) very happy to see the beautiful sunset
(5) Getting up early is good

5
(1) It is very important for us to study English.
(2) I am walking to the station to see[meet] my uncle.

セクション 41

1

(1) He is as old as she.

(2) He was as tall as my sister.

(3) Mary was as busy as Tom.

(4) That bag is as big as this one.

(5) He speaks English as fast as Aya.

2

(1) That pen is as long as

(2) This flower is as beautiful as

(3) This question is as difficult as

(4) Jim could run as fast as

(5) She walks as fast as

3

(1) Mary is as old as

(2) This book was as interesting as

(3) Kevin is as smart as

(4) She speaks English as well as my mother.

(5) I could run as fast as John.

セクション 42

1

(1) He is not as[so] young as Kate.

(2) He was not as[so] tall as John.

(3) These questions are not as[so] difficult as those ones.

(4) Tom could not[couldn't] speak Japanese as[so] fast as Ann.

(5) She doesn't walk as[so] slowly as you.

2

(1) is not as big as

(2) This pen is not as long as

(3) This flower isn't so beautiful as

(4) was not as busy as

(5) I didn't practice so hard as

(1) was not as[so] busy as Jack

(2) are not as[so] easy as

(3) This book is not as[so] heavy as

(4) I could not[couldn't] run as[so] fast as

(5) She is not as[so] old as

セクション 43

(1) Jack is younger than Mai.

(2) Mary was busier than Tom.

(3) Tom was happier than Mike.

(4) That bag is bigger than this one.

(5) Hokkaido is larger than Nagano.

(1) is heavier than

(2) was hotter than today

(3) Mike is taller than

(4) This doll is prettier than

(5) I got up earlier than

(1) I am busier than

(2) Yesterday was colder than

(3) She gets up earlier than

(4) This orange is sweeter than

(5) That boy was taller than

セクション 44

(1) This flower is more beautiful than that one.
(2) This question is more difficult than that one.
(3) This dictionary was more useful than mine.
(4) Tom spoke English more slowly than Kate.
(5) Jane walked more quickly than you.

(1) is more delicious than
(2) was more famous than
(3) was more popular than
(4) walked more slowly than
(5) more quickly than Ryota

(1) This book is more interesting than
(2) This singer is more famous than
(3) This question was more difficult than
(4) Mary walks more slowly than
(5) He cleaned the room more quickly than

セクション 45

(1) This song is better than that one.
(2) These books were better than those ones.
(3) Tom can play baseball better than his brother.
(4) His grade was worse than mine.
(5) Today's weather is worse than yesterday's.

(1) was better than mine
(2) is better than that
(3) play the piano better than Jill
(4) was worse than yours
(5) The news is worse than

(1) My computer is better than
(2) is better than that one
(3) play the guitar better than my mother
(4) can cook better than Mary
(5) was worse than yours

セクション 46

(1) I have more books than you.
(2) He had more CDs than Jack.
(3) My grandfather has more money than my father.
(4) I had less knowledge about Japanese history than you.
(5) Today we have less rain than yesterday.

(1) reads more books than
(2) more money than
(3) sing more songs than
(4) have less money than
(5) have less rain than

(1) I have more pencils than
(2) more money than
(3) I have more dictionaries
(4) This jacket is less expensive than
(5) less money than

セクション 47

1
) He is the tallest in my class.
) Her house was the largest in this city.
) Ken was the busiest of the three.
) This is the nicest bag of the five.
) August is the hottest month of the year.

2
) is the largest of all
) is the longest river
) is the tallest in this class
) is the highest mountain in Japan
) got up the earliest in his family

3
) I am the tallest of
) My mother was the busiest in
) My father gets up the earliest in
) This is the smallest animal in
) This box is the biggest of

セクション 48

1
) This novel is the most interesting of all.
) This is the most difficult of all the questions.
) That computer is the most expensive in this store.
) He speaks the most slowly in the class.
) She understood it the most quickly of all the students.

2
) is the most beautiful of
) is the most useful of

(3) was the most popular in
(4) speaks the most slowly in
(5) the homework the most quickly in

Q3
(1) This movie is the most interesting
(2) This singer was the most popular
(3) This dictionary is the most expensive
(4) My grandmother walks the most slowly
(5) the most quickly of the five boys

セクション 49

Q1
(1) This song is the best of all.
(2) These are the best dishes in this store.
(3) David can play baseball the best in the school.
(4) His grade was the worst in this class.
(5) That computer is the worst of all the computers.

Q2
(1) is the best of
(2) was the best player in
(3) can play the piano the best in
(4) was the worst in
(5) is the worst of

Q3
(1) That computer is the best in
(2) This movie is the best of
(3) He can play soccer the best of
(4) cook the best in
(5) was the worst in

セクション 50

(1) I have the most books in this class.
(2) He has the most video games of all the students.
(3) The elderly man had the most money in this town.
(4) I had the least knowledge about science in the group.
(5) This year we had the least rain in these 10 years.

(1) read the most books in
(2) spent the most money in
(3) knows the most songs in
(4) have the least money of
(5) have the least rain of

(1) I have the most pens in
(2) Tom has the most money of
(3) I know the most songs in
(4) This is the least expensive car
(5) the least money of

セクション 51

(1) Which is   (2) is
(3) do you want   (4) did she have
(5) does Kate study

(1) Which is her bike
(2) Which is your house
(3) Which did you visit
(4) Which did he buy
(5) Which does Mary want

(1) Which is her car?
(2) Which did he buy
(3) Which did your sister study
(4) Which did Mary choose?
(5) Which do you want

セクション 52

(1) Which is   (2) is   (3) is
(4) is   (5) is

(1) Which is newer, this car
(2) Which is taller, this building
(3) Which was more interesting
(4) Which was more useful
(5) Which was smarter

(1) Which is taller
(2) Which is bigger [larger]
(3) Which do you like better
(4) Which is more delicious
(5) Which is more useful

セクション 53

(1) Which card is   (2) is
(3) do you like   (4) bag did she have
(5) subject does Kate study

(1) Which city is bigger
(2) Which dictionary is more useful
(3) Which car did you buy
(4) Which subject did you study
(5) Which boy passed the test

) Which mountain is higher

) Which girl passed the test?

) Which car is faster

) Which subject do you study

) Which man do you know?

セクション 54

) how to cook   (2) how to study

) how to get   (4) how to use

) how to answer

) how to use

) how to study

) learn how to play

) how to get to

) to learn how to cook

) He knows how to get to the library.

) I want to know how to cook.

) Do you know how to study Chinese?

) He wants to know how to make money.

) She is going to[will] learn how to play the guitar.

セクション 55

) what to buy   (2) what to say

) what to do   (4) what to study

) what to wear

) what to wear

) what to buy

) what to say to

(4) what to do

(5) what to study

(1) He didn't know what to do then.

(2) Do you know what to do now?

(3) They understand what to learn now.

(4) I didn't know what to bring to the party.

(5) He knew what to say to her.

セクション 56

(1) where to go   (2) where to study

(3) where to do   (4) where to take

(5) where to get

(1) where to go

(2) where to get off

(3) where to take

(4) where to buy

(5) where to buy this

(1) We want to know where to take a break.

(2) Does she know where to get off the bus?

(3) Did Mike know where to do his[the] homework?

(4) You don't know where to go.

(5) They want to know where to buy tickets.

セクション 57

(1) when to eat   (2) when to start

(3) when to finish   (4) when to take

(5) when to announce

(1) when to take

(2) when to study

(3) when to write a letter to

(4) when to leave

(5) when to buy

(1) I don't know when to eat these fruits.

(2) He knows when to start[begin] these plans.

(3) Do you know when to read this book?

(4) I don't know when to take a break.

(5) Nancy wants to know when to start[begin] working[to work].

セクション 58

(1) sad　　(2) kind　　(3) happy

(4) an easy question　　(5) difficult books

(1) The beach is very beautiful

(2) was very interesting

(3) is a useful dictionary

(4) Mary is very kind

(5) Her father is rich

(1) Takeshi was very kind.

(2) She is angry.

(3) He has some interesting books.

(4) This question is very easy.

(5) This novel was very difficult[hard].

セクション 59

(1) slowly　　(2) carefully　　(3) quickly

(4) easily　　(5) always get up

(1) Tom's father works very quickly

(2) Kate listened to him

(3) have to think about it hard

(4) often go to the park

(5) is sometimes late for school

(1) She walks very slowly.

(2) My mother always gets up before six (o'clock).

(3) They solved the problem quickly.

(4) Emma can read the book easily.

(5) We think about the problem carefully.

セクション 60

(1) is made　　　　(2) is used

(3) are sung　　　(4) are read

(5) is spoken

(1) English is studied by me.

(2) He is liked by me.

(3) Some apples are eaten by me every day.

(4) French is spoken by him.

(5) Computers are used by them.

(1) Frogs are eaten by snakes

(2) This computer is used by her

(3) These novels are read by students

(4) English is spoken in India

(5) He is loved by many people

セクション 61

1

(1) was written   (2) was taken

(3) will be cleaned   (4) were made

(5) was used

2

(1) French was studied by me.

(2) Those children were liked by me.

(3) Some vegetables were eaten by her last night.

(4) Korean was spoken by him then.

(5) Computers will be used by more people.

3

(1) This novel was written by Natsume Soseki

(2) These pictures were taken by my father

(3) This work must be done by him

(4) These watches were made in Switzerland

(5) This room was cleaned by her

セクション 62

1

(1) is not used   (2) are not read

(3) isn't loved   (4) wasn't made

(5) weren't taught

2

(1) French was not studied by a lot of people.

(2) These children are not liked by me.

(3) Some fruits were not eaten by her last night.

(4) Korean was not spoken by them.

(5) Computers were not used by him.

3

(1) This computer was not sold in Japan

(2) This red car wasn't bought by him

(3) Those students aren't taught

(4) The dishes aren't washed by her

(5) The fact wasn't written

セクション 63

Q1

(1) Is English spoken / it is

(2) Is this book read / it isn't

(3) that song sung / it was

(4) read / they aren't

(5) Was the car / it was

Q2

(1) Was English studied by a lot of students?
— Yes, it was.

(2) Is the boy liked by that girl?
— No, he isn't.

(3) Were the fruits eaten by her last night?
— Yes, they were.

(4) Was Japanese spoken by some French people?
— No, it wasn't.

(5) Were those dictionaries used by him?
— Yes, they were.

Q3

(1) Is Chinese spoken in Japan
— No, it isn't

(2) Is this movie seen by many people
— No, it isn't

(3) Were those desks made by your father
— Yes, they were

(4) Was the car used by a famous actor
— No, it wasn't

(5) Was that woman loved by him
— Yes, she was

セクション 64

(1) to   (2) for   (3) as
(4) of   (5) from

(1) This song is known to many young people
(2) Shizuoka is known for its tea
(3) Her brother was known as a soccer player
(4) These toys are made of wood
(5) is made from

解説

不要語は，(1) by，(2) as，(3) by，(4) into，(5) into です。

(1) Her name is known to everyone.
(2) This box is made of paper.
(3) Milk is made into cheese.
(4) This restaurant is known for its delicious pizza.
(5) He is known as a scientist.

確認テスト 4

1

(1) easier   (2) biggest
(3) more beautiful   (4) prettiest
(5) most famous   (6) tall
(7) best

2

(1) ①   (2) ②   (3) ①   (4) ②   (5) ①

3

(1) good as
(2) cannot[can't], as[so] well
(3) was easier
(4) is visited by

4

(1) tell me how to cook
(2) the most difficult of all the
(3) can swim as fast as Karen
(4) math isn't so easy as English

5

(1) Which is more popular in your country, soccer or baseball?
(2) I will tell you what to do next.

[MEMO]